Le Dernier Survivant de la caravane

Étienne Goyémidé

Le Dernier Survivant de la caravane

Roman

LE SERPENT A PLUMES

Collection Motifs
dirigée par Pierre Bisiou

MOTIFS n° 60

Édition originale publiée dans la collection « Monde Noir Poche »,
dirigée par Jacques Chevrier, avec la collaboration de Paul Désalmand

N° ISBN : 2-84261-344-9

LE SERPENT A PLUMES

20, rue des Petits-Champs – 75002 Paris
http://www.serpentaplumes.com

À PROPOS DE L'AUTEUR

Étienne Goyémidé est une figure classique de la littérature africaine francophone. Né en Centrafrique en 1942, il y décédera en 1997 après avoir parcouru tous les échelons de l'éducation nationale : licencié ès sciences de l'éducation, diplômé d'anglais, proviseur de lycée, directeur général de l'enseignement et enfin ministre de l'Éducation et de la Recherche.

En parallèle à cette carrière, Étienne Goyémidé sera un homme de lettres complet, s'exprimant tour à tour par le théâtre, la poésie, les nouvelles et les romans.

Dans *Le Dernier Survivant de la caravane,* il explore l'histoire de son pays à travers la violence de l'esclavage et celle, plus insidieuse, de la colonisation.

Ippy

Ippy est une petite localité située à mi-chemin entre Bambari et Bria, deux importants chefs-lieux de région. Fondée vers les années 1912, par un administrateur français des colonies dont nous ignorons le nom, cette ville a connu ses heures de gloire et une évolution qui l'a hissée successivement aux rangs de : chef-lieu de subdivision, chef-lieu de circonscription et chef-lieu de district pendant la période coloniale. Avec l'indépendance et sa cohorte de nouveautés et de changements, Ippy est devenue une sous-préfecture à part entière et jouit du statut élogieux de commune de plein exercice. Tant de privilèges sont évidemment loin de nous laisser indifférents, nous autres ressortissants de cette localité. Il faut dire que les motifs de satisfaction n'ont jamais manqué chez nous. Tenez, par exemple, notre localité est la seule avec Bangassou et Rafaï à avoir été baptisée du nom du grand chef que les colonisateurs ont trouvé en cet endroit à leur arrivée. Préciser les circonstances exactes et les éléments qui ont présidé à cette rencontre de deux mondes et de deux civilisations somme toute diamétralement opposés, relèverait d'une gageure. Il va sans dire qu'il y a certainement eu des heurts, des incompréhensions, voire des rejets assez prononcés qui font désormais partie des multiples objets rangés dans les oubliettes de l'histoire. La localité, comme les hommes qui y naissent, y vivent, y meurent ou qui y sont simplement de passage, continue son petit bonhomme de chemin au rythme imperturbable du temps. Si, sur la grande Histoire de cette minuscule localité perdue au cœur de l'immense Afrique, le profane que nous sommes ne trouve pratiquement rien à dire, il devient subitement intarissable, volubile et quelquefois envahissant dès lors que l'occasion lui est donnée de se raconter, de raconter les petites histoires de chez nous, les anecdotes, d'évoquer les souvenirs des grands hommes et des grands événements qui n'ont rien de commun avec la grande Histoire, mais qui constituent le tissu continu de la vie de chacun et de la vie de tous les jours.

Je vous dirai entre autres, pour commencer, qu'au temps où nous étions encore les bambins délurés et capricieux de cette localité, il nous arrivait de faire des découvertes dont le moins qu'on puisse en dire est qu'elles étaient sensationnelles. Figurez-vous, par exemple, que quand nous fûmes capables de lire à peu près correctement le français, une réalité nous apparut qui nous combla de joie et de fierté. En effet, au centre même de la localité, à l'intersection de plusieurs axes routiers, une poutre portant plusieurs planchettes directionnelles nous apprit brutalement que nous étions sans conteste le centre du monde, le nombril de la terre. Jugez plutôt. De chez nous, je veux dire d'Ippy, on pouvait aller à Bria, Bambari, Bakala, Birao, Ndélé, Bakouma, Bangassou, etc. Réel motif de satisfaction qui a peut-être même puissamment contribué à donner naissance à un chauvinisme parfois virulent. Mais, et Dieu merci, il n'y avait pas que cela. Voilà pourquoi je vais me permettre ici de vous faire partager quelques-unes des histoires les plus piquantes et les plus savoureuses de cette localité.

Les écoles, tout comme la religion, ont eu quelques difficultés à s'implanter chez nous. J'ose croire que nous autres Ippyens ne sommes pas une exception en la matière. Le phénomène a dû se vérifier dans plusieurs autres localités du territoire, et peut-être même dans plusieurs autres coins de l'immense Afrique noire. Toujours est-il que l'école et la religion ont irrémédiablement triomphé de tous les obstacles que certaines gens ont cru devoir dresser sur leur route et se sont plus que solidement implantées. Les objectifs avoués de ces deux institutions étant la recherche de lendemains fleuris sur terre pour l'une et au ciel pour l'autre par le canal de mille et une privations, nous nous posions fréquemment la question de savoir comment et par qui cette idée saugrenue et inhumaine avait pu se matérialiser chez nous. Oh ! croyez-moi, ces questions étaient beaucoup plus suscitées par la haine que nous éprouvions pour nos maîtres, qui n'hésitaient pas un instant à nous briser de grandes règles sur la tête et le dos, que par l'envie que nous avions de satisfaire une curiosité. À toutes ces questions, personne n'a pu nous répondre, jusqu'au moment où le chef Boundio, un octogénaire, le seul qui nous restait encore de toute la cohorte des chefs de terres et de cantons, nous a réunis pour nous dire de sa voix monocorde, cassée par l'âge et l'usure des temps, que c'était le chef Yétomane. Avant de continuer cette histoire de l'école, il conviendrait ici d'ouvrir une petite parenthèse pour signaler que le chef Yétomane était l'héritier direct du chef Ippy. Toutes les terres de la localité lui appartenaient ; les autres chefs de cantons ou de villages n'exerçaient en son nom qu'une infime partie de l'autorité qu'il avait bien voulu leur déléguer. C'était lui, et lui seul, qui servait d'intermédiaire entre l'administration coloniale du district et la masse des autochtones.

C'était donc au chef Yétomane que revenait la paternité, des écoles d'Ippy, et le vieux Boundio de nous l'expliquer en ces termes :

Un jour que le chef Yétomane se reposait dans sa propriété sur les bords de la rivière Tchémandaka, les sons impétueux des énormes « ling'ha », ces énormes tam-tams faits de gros troncs d'arbres évidés, diffusèrent aux quatre coins de la localité l'ordre que le chef de district l'invitait de manière on ne peut plus péremptoire à se rendre de toute urgence à son bureau. L'événement était d'autant plus insolite que jamais auparavant on n'avait traité avec tant de légèreté et de désinvolture le grand chef Yétomane. Lui-même eut quelques appréhensions. Il s'exécuta et, à son arrivée au bureau du district, il fut très cordialement accueilli par l'administrateur qui l'attendait sur le perron. Les deux hommes s'enfermèrent dans le bureau avec un interprète. Le Blanc annonça au chef nègre, en brandissant une feuille de papier, qu'il venait d'apprendre par le courrier l'arrivée prochaine du gouverneur, chef du territoire dans la ville d'Ippy et qu'il fallait à cet effet tout mettre en œuvre pour lui réserver un accueil des plus dignes et des plus inoubliables. Le chef Yétomane savait très bien ce qu'on attendait de lui mais pour l'heure c'était surtout le bout de papier qui l'intriguait. L'administrateur expliqua de son mieux ce qu'était une école, ses objectifs, etc. Quand le gouverneur arriva, les doléances du chef Yétomane ne se résumèrent qu'en une seule : l'implantation de l'école dans la localité. Ce qui fut fait.

Voilà comment nous apprîmes par le vieux chef Boundio l'histoire de l'implantation de l'école chez nous. Tout compte fait, et malgré le caractère et les comportements quelque peu barbares et sanguinaires de nos instituteurs d'antan, nous ne regrettons vraiment pas que cet événement se soit produit chez nous, et pour cause. Cela nous a permis d'approfondir et de structurer nos connaissances sur nos propres réalités, tout en nous ouvrant des horizons nouveaux sur d'autres réalités, d'autres mondes qui sont tout à la fois fascinants, passionnants et mystérieux.

En ces temps-là donc, je veux dire en ces temps plus ou moins lointains où nous étions des bambins délurés et turbulents, Ippy était pour nous une grande, une très grande ville, avec ses rues bien tracées, bordées de manguiers et de palmiers taillés avec goût, et ses maisons féeriques, surtout la résidence du chef de district, le presbytère de la mission catholique et les belles maisons entourant le grand hôpital américain de la mission protestante.

Pour nous, c'étaient les plus belles maisons du monde. On y faisait fréquemment référence quand nos contes et légendes, le soir au coin du foyer, nous amenaient à faire sentir à nos interlocuteurs la beauté, la richesse d'un des palais habités par les héros de nos histoires. Il y avait aussi le centre commercial avec ses dix-sept boutiques qui appartenaient toutes à des Portugais, mais que nous connaissions et désignions surtout par les noms des vendeurs qui, pour nous, ne pouvaient en être que les légitimes propriétaires. Elles regorgeaient d'articles de toutes sortes. C'était vraiment un monde à part, la grotte d'Ali Baba, avec ses merveilles dont quelques bribes nous parvenaient de temps en temps sous forme de toile blanche, kaki ou bleue, de bérets noirs ou de pantoufles. Nous étions heureux de porter ces atours qui, à coup sûr, nous rapprochaient quelque peu de ces Blancs dont les conditions de vie nous émerveillaient et nous fascinaient.

Tout autour de ces centres commerciaux et administratifs et de ces missions luxueuses, s'étendaient à perte de vue les multiples quartiers habités par nous, les indigènes. Des quartiers surpeuplés tels que Gbagra, Ndjapou, Cro-Balène, Trogo, Bornou, Djama, etc.

Nous, les indigènes, nous étions nombreux, vraiment très nombreux. Il suffisait pour s'en convaincre d'aller sur la place du marché un dimanche ou surtout un jour de fête, le 11 Novembre par exemple, pour voir des dizaines, des centaines, des milliers de gens, jeunes ou vieux, se pressant dans les boutiques, autour des grosses marmites de bière de mil et de maïs, dansant ou chantant au rythme endiablé des cithares, balafons et tam-tams. Nous étions nombreux, très nombreux et nous nous connaissions tous. Oui, parfaitement, nous nous connaissions tous et d'une manière particulièrement efficace et indélébile. Quand il s'agissait par exemple de parler de Padou, on n'abordait le point essentiel du sujet qu'après avoir rappelé aux interlocuteurs l'arbre généalogique de l'intéressé. On disait : « Voici Padou, fils de Féné, descendant de Ndémangora, etc. », et on remontait très loin dans la nuit des temps pour exhumer le plus d'ascendants possible afin d'être le plus indiscutablement crédible. Cela expliquait cette solidarité sans faille qui nous caractérisait et qui faisait que les bonheurs ou les malheurs des uns et des autres étaient partagés par tous, sans fard ni hypocrisie. Les gros ling'ha étaient là pour semer à tous vents les messages de toutes natures, des plus administratifs aux plus anodins, fussent-ils péremptoires, gais, enjoués, tristes, macabres… Bref, tout le monde se sentait concerné.

Ce modernisme, ou plus précisément cette « modernité » à laquelle nous goûtions avec parcimonie, et surtout à laquelle nous aspirions avec force, avec toute la force de nos âmes de jouvenceaux, n'était pas seulement matérialisée par les belles maisons, l'école et les magasins. Il y avait des choses plus terre à terre qui nous attiraient irrésistiblement et qui exerçaient sur nous, les enfants, une influence inexprimable. Tenez, il nous était impossible à nous autres, les enfants de ce temps-là, qui découvrions pour la première fois les camions et voitures de toutes sortes, de résister au plaisir de humer les odeurs des gaz qui s'échappaient des moteurs de ces véhicules. Elles étaient uniques en leur genre et ne pouvaient être comparées à aucune réalité de chez nous. Chaque fois qu'un véhicule automobile passait, il se constituait instantanément des bandes de gamins qui le poursuivaient parfois sur des kilomètres rien que pour sentir et respirer les « délectables » odeurs des gaz d'échappement.

Un des événements qui ont imprimé en nous, je veux dire aux gens de ma génération, le souvenir le plus vivace et certainement le plus indélébile, est l'arrivée de l'avion dans notre localité. C'est là une histoire sur laquelle nous ne regretterons pas de perdre quelques minutes.

Durant toute la période coloniale, l'avion ne

s'est posé que deux fois à Ippy. Cela peut s'expliquer par le fait que j'ai souligné plus haut, à savoir que cette minuscule localité se situe à égale distance de Bambari et Bria, deux importants chefs-lieux de région reliés par une route de deux cents kilomètres, et qui possèdent l'un et l'autre un grand aérodrome et une grande piste d'atterrissage.

Les deux arrivées de l'avion chez nous ont été motivées par des circonstances qu'on peut sans hésiter qualifier d'exceptionnelles. La première fois, je n'étais pas encore né ; mais mes parents m'ont appris que l'avion était venu chercher la femme du commandant qui était enceinte et ne pouvait accoucher à Ippy. La deuxième fois, j'étais déjà là, et bien là, presque aux premières loges en ma qualité d'élève venu avec tous mes condisciples en rangs impeccables sous la conduite de nos maîtres. Nous étions venus pour, disait-on, rendre un dernier hommage à un des fils d'Ippy tombé sur les champs d'honneur dans un pays lointain au nom jusque-là inconnu de nous et à consonance quasi mystérieuse : l'Indochine. Il convient de rappeler en effet que bon nombre de nos compatriotes ippyens ont quitté nos terres pour aller verser leur sang, et nous couvrir de gloire sous d'autres cieux, en des lieux aux noms épiques, mystérieux et lointains : Bir Hakeim, Djibouti, Hanoï, Alger, Tunis, Toulon, Paris, Strasbourg, etc. Certains en sont revenus et constituent des groupes qui suscitent notre admiration au cours des défilés dont ils prennent la tête, les jours de fête. D'autres, hélas ! sont restés là-bas en ces terres inconnues. C'est le corps de l'un d'eux que l'avion nous ramenait, atterrissant pour la deuxième et dernière fois à Ippy pendant la longue période coloniale. Il convient également de signaler que pour ces deux arrivées, la piste d'atterrissage a été aménagée en face du village Marcel Ndjapou, non loin de la ville.

L'avion a donc atterri chez nous cette dernière fois. On en a descendu le cercueil, porté et escorté par des militaires blancs impeccablement habillés.

Nous, les élèves des deux écoles réunies, nous avons chanté « la Marseillaise » et nous nous sommes dirigés en un long et silencieux cortège jusqu'au petit cimetière des Blancs, pour l'inhumation.

Le cimetière des Blancs fait partie des grands pôles d'attraction de la ville, de par sa situation au cœur de la cité administrative, à l'ombre des palmiers, manguiers, orangers, mandariniers et des haies d'hibiscus bien taillées. Les tombes sont propres, bien construites et portent toutes les photos des gens qui y reposent. Comment tous ces gens étaient-ils arrivés chez nous, de quoi sont-ils morts, nul ne saurait le dire.

Ce cimetière propre et toujours bien entretenu était un pôle d'attraction qui n'attirait que les Blancs, pas nous, autochtones. Car les bons et les vrais nègres que nous étions, pétris dans nos croyances aux fantômes, ne pouvions nous permettre de les narguer en allant nous promener dans un cimetière même réservé aux Blancs. Résultat : les mangues et les autres fruits de cet endroit pourrissaient si les cochons ne venaient pas s'en régaler.

La vie continuait son petit bonhomme de chemin, au rythme régulier des jours et des saisons. Pour nous, les petits écoliers de ces temps, qui font désormais partie des souvenirs lointains, la vie, notre vie, était indissolublement liée à la longue randonnée, la longue tourmente de l'année scolaire. Nous profitions au maximum des petites accalmies qui s'y glissaient de temps en temps sous la forme des congés de Noël, Pâques ou des grandes vacances, pour redevenir comme tout le monde. Comme tout le monde, c'est peut-être trop dire, car nos parents qui étaient persuadés que l'école constituait l'unique voie d'accès vers le bonheur, ne voulaient surtout pas nous voir perdre le moindre temps. Aussi ne dissimulaient-ils jamais leur scepticisme quand nous leur annoncions les différentes périodes de repos. Mais vous pensez bien que pour nous, les enfants, rien n'était plus facile que de renouer avec nos vieilles habitudes de « sauvageons » et de « négrillons ». L'école n'avait pas encore totalement imprimé en nous ses schémas de pensée et d'action. Bien sûr, nous y aspirions de toute la force de nos âmes mais nous appartenions toujours à notre monde originel. « On n'avait pas encore largué les amarres » de nos conditions premières. À preuve, nous continuions en marge, sinon en plus de nos activités scolaires, de subir les différentes épreuves d'initiation telles que la circoncision, le « soumalé », qui devaient faire de nous des hommes bien de chez nous, aguerris, intelligents, responsables et surtout conscients de nos devoirs vis-à-vis de notre société.

Toutes ces exigences drastiques et draconiennes ne nous empêchaient pas d'être des enfants comme tous les enfants du monde. À cet égard et maintenant que j'y pense, je puis même affirmer que nous étions certainement mieux servis que bon nombre de nos congénères sous d'autres cieux. Nous avions l'espace, de grandes étendues de savanes et de forêts pour nos courses folles et nos escapades. Nous pouvions y exercer à loisir et à satiété nos talents de chasseurs en herbe. Nous avions les tubercules et les fruits à profusion pour donner libre cours à notre gourmandise et notre boulimie. Nous avions l'air pur, la pluie, le soleil, la lune, les étoiles. Nous avions les veillées joyeuses ou funèbres. Nous avions les chants et les danses. Nous avions... Nous avions... Nous avions des tas de choses que personne ne pouvait nous contester ou nous disputer. Nous étions heureux. Un bonheur sain, gai, de tous les jours, au jour le jour. Je vous ai dit que nous avions l'eau. C'est vrai. Ippy est abondamment arrosée par quatre petites rivières qui, en saison sèche comme en saison des pluies, roulent toujours une égale quantité d'eau. Deux de ces rivières, en se rencontrant pour continuer ensemble leur course vers les grands fleuves dont nous connaissions les noms par les leçons de géographie, avaient donné naissance à un lac. Ce lac, notre lac, au confluent des rivières Kaouga et Ngoualégo, était connu de tous les habitants de la localité. Nous y venions tous, jeunes et vieux, par les moments de forte chaleur, pour nous y ébattre et abandonner nos corps aux douces caresses des flots. Nous y venions tous ; ceux des villages Trogo, Gbagra, Ndjapou, Djama, Bornou, etc. Nous y venions tous et nous étions heureux. Des amitiés qui durent encore se sont tissées dans les eaux de ce lac que certaines mauvaises langues n'hésiteraient pas à qualifier de polluées par les temps modernes.

Et quand tombait la nuit, nous exprimions bruyamment notre amour de la vie, notre confiance en la nature, la grande nature, le Dieu des Blancs, nos divinités. Nous donnions libre cours à nos joies et nos peines que diffusaient pour tous les sons tour à tour percutants, sourds, frénétiques, fébriles, assourdissants, gais, tristes et envoûtants de nos « ling'ha », ces énormes troncs d'arbres évidés. Et de tous les villages montaient toutes ces musiques que le profane qualifierait volontiers de monotones, d'ennuyeuses, mais qui ne sont autre chose que la plus parfaite et la plus profonde expression de notre essence. Notre village Létrogo, qui se situe à environ trois kilomètres du centre administratif, n'échappe pas à cette règle. Il faut que je vous dise qu'il est un des villages les plus grands et les plus peuplés d'Ippy. Lui seul peut se targuer de s'étendre d'une rivière à une autre sans discontinuer, avec ses huit rangées de cases de part et d'autre de la route d'Atongo-Bakari, qui va vers Bakouma et Bangassou. Nous étions nombreux, nous les enfants du village Létrogo.

Et quand venait le soir, avec une grosse lune toute ronde et une multitude d'étoiles, nous chantions et nous dansions très tard dans la nuit.

L'histoire que je vous invite à suivre nous a été racontée par une de ces nuits superbes, fantastiques, que seuls connaissent les tropiques et l'équateur.

*

C'était par une de ces merveilleuses nuits d'avril naissant, mais auparavant reconstituons ensemble le décor et les personnages. Ce sera vite fait...

Le décor est constitué par notre village Létrogo avec ses petits feux devant les cases, qui semblaient donner la réplique aux sourires narquois des étoiles, et un grand feu de bois sur la grande place du village. Les personnages : tous les enfants de Létrogo, qui après avoir avalé très rapidement leur repas et trompé la vigilance de leurs parents, s'étaient retrouvés en cet endroit, autour du feu qu'ils entendaient conserver très tard dans la nuit.

Un vent agréablement frais prenait peu à peu la relève de l'étouffante canicule de la journée. Les brindilles crépitaient dans les flammes en même temps que les battements de mains rythmaient comme il convient les « Diaré, Gboyo, Dangaye et autres Koyamongo », danses classiques de chez nous. Nous dansions, nous étions décidés à danser toute la nuit s'il le fallait. Nous savions que nos parents nous laisseraient en paix, puisque c'était les vacances. La joie des enfants étant une chose irrésistiblement contagieuse dans notre village, notre cercle s'agrandissait rapidement d'éléments de tous âges. On eût dit que tous les habitants attendaient ce jour.

Tous étaient là, riant et chantant avec nous. Il y avait le chef en personne, mais surtout il y avait Ngalandji, le patriarche de chez nous. Il a vu naître tous les gens du village. Il pourrait raconter à celui-ci les circonstances exactes de la mort de son arrière-grand-père, à celui-là la manière dont sa grand-mère maternelle avait été dotée. C'était la mémoire de notre clan. D'aucuns poussaient le cynisme jusqu'à dire que Ngalandji était parti pour nous inhumer tous, jusqu'à la sixième génération, avant de mourir à son tour, très longtemps après. Son maintien physique, qui jurait avec son grand âge, lui avait valu le surnom de « Ngala », le bambou de Chine toujours solide, toujours vert quelle que soit la saison. Tout le monde l'appelait Ngala, et il en était ravi. Quand vous lui demandiez son secret, il vous répondait en riant : « Buvez de l'eau de source, plongez-vous dans la rosée du matin et les eaux des torrents. »

Il se targuait d'être le seul survivant de la grande armée des Lindas levée par le chef Ippy pour s'opposer à la pénétration française. Et il vous retraçait l'événement avec une sainte ferveur, comme s'il venait tout juste d'avoir lieu. Il vous parlait aussi avec une grande admiration de Katcha, ce grand chef des Djaré, qui avait longtemps tenu tête aux tirailleurs français, avant de succomber, trahi par un des siens, quelque part vers Atongo-Bakari. Il en avait vu de « toutes les couleurs », ce sacré Ngala qui claudiquait légèrement et portait d'affreuses cicatrices sur le corps. Ngala ne cessait de nous étonner par certaines de ses affirmations hors pair. Par exemple : il ne mangeait jamais de sel importé, n'utilisait jamais le savon des Blancs, s'habillait de peau ou d'écorce d'arbre, comme au temps de nos ancêtres. Et quand vous lui demandiez la raison de ce comportement bizarre, il vous répondait sans détour que l'armée du chef Ippy n'était pas vaincue, que la longue trêve que nous vivions ne devait pas être prise pour la fin de la guerre avec les Blancs, que manger les produits des Blancs signifiait conclure avec eux un pacte de non-belligérance. Tôt ou tard, disait-il, la guerre reprendra, et cette fois nous en sortirons vainqueurs. Tout le monde riait des élucubrations de ce vieux radoteur. Mais Ngala s'en allait de sa démarche claudicante, avec ses affreuses cicatrices, très sûr de sa vérité, étreignant sous le bras sa grosse besace en peau de singe, et balançant allègrement son bâton de vieillard.

*

Ce soir-là donc, l'énigmatique Ngala était des nôtres. Après avoir écouté pendant un moment nos chansons et dodeliné de la tête, le vieux Ngala s'était levé et s'était mis à danser en brandissant son éternel bâton. Nous l'entourâmes en criant de plus belle. Voir Ngala danser ! de mémoire d'homme mûr pareil événement ne s'était pas produit dans le village. Et il avait dansé le vieux « Bambou de Chine » jusqu'à épuisement total. Nous étions heureux.

Quelqu'un apporta une chaise longue à notre patriarche pour lui permettre de se reposer après ce grand effort. Ngala s'était assis, et comme pour respecter le repos et les méditations du vieillard, les clameurs peu à peu s'étaient tues ; chacun s'était mis à croupetons pour reprendre haleine avant de recommencer à danser. Seules quelques brindilles encore fraîches crépitaient dans l'énorme brasier. Le silence, qui n'était pas encore total, avait quelque chose d'oppressant, de mystérieux, après le tintamarre que nous venions de connaître. Là-haut, la lune ronde poursuivait sa nonchalante randonnée dans le village des étoiles. Les grandes personnes, qui commençaient sans doute à ressentir les fatigues de la journée, se retiraient à petits pas, comme à regret.

Soudain, un hibou passa presque en rase-mottes au-dessus de notre feu et alla se poser dans le grand kapokier derrière la maison du chef. Quelques instants après, il entonna son lugubre « hou-hou ». Un mouvement de frayeur se dessina dans le groupe des enfants. Instinctivement, nous nous rapprochâmes tous de la chaise longue sur laquelle le vieillard reposait. « Hou-hou », continua le hibou. Plus personne n'osait parler. Pourquoi ce messager de la mort était-il venu chez nous ? Pour qui lançait-il ce dernier appel ? Oui, de qui ce sorcier était-il venu emporter l'âme ? Nous étions complètement figés par la peur et regardions tous le vieux Ngala, comme si de lui seul pouvait venir notre salut. « Hou-hou », lança encore l'oiseau des enfers. Sans mot dire, l'octogénaire se leva, alla vers le brasier d'où il sortit un tison ardent qu'il envoya en direction du hibou. Ceci fait, il revint tranquillement s'asseoir en disant :

« C'est lui qui l'aura voulu. Demain à l'aube il ne sera plus qu'un cadavre rongé par la dysenterie. »

Ayant prononcé ces paroles dont le sens nous échappait, Ngala se replongea dans le silence, le regard fixé sur l'horizon étoilé. Le hibou s'envola pesamment en lançant un dernier « hou-hou ». Ngala était incontestablement le vainqueur de cet étrange duel des ombres qui venait de se dérouler sous nos yeux d'enfants, un vainqueur qui au lieu de pavoiser se taisait et semblait absent. Personne n'osait rompre le silence.

Le vieillard commença alors à parler, non pas pour s'adresser à nous, mais comme s'il voulait se parler à lui- même, comme s'il avait ardemment envie de se dire des confidences, ses propres confidences :

« Le cri du hibou qui arrête la joie des enfants dans la nuit limpide, demande à l'homme sage d'ouvrir les yeux pour apercevoir la mort qui rôde à la croisée des chemins. »

Ce fut en ces termes remplis de mystère que Ngalandji, dit Ngala, le patriarche du village Létrogo, entama sa longue histoire, non pour les gamins pétrifiés par la peur que nous étions, mais pour lui. Histoire que nous étions obligés d'écouter parce que Ngala parlait à haute voix.
– Écoutons-le.

*

« Notre village nichait au confluent des rivières Kossio et Yingou. En cet endroit, les galeries forestières des deux cours d'eau constituaient une véritable forêt aux arbres gigantesques, au feuillage dense et perpétuellement vert, aux lianes innombrables qui n'en finissaient pas de bondir et de retomber : une grande forêt qui abritait un nombre incroyable d'animaux de toutes tailles et de toutes espèces.

Je ne puis dire quelle raison avait poussé nos parents à bâtir notre village au plus profond de cette forêt. Était-ce à cause du gibier facile à chasser en tous temps ? Était-ce pour échapper aux représailles des nombreux ennemis que notre clan avait réussi à se faire, à la suite de ses innombrables victoires ? Nous étions entourés de véritables forteresses naturelles, qui par leur seul aspect suffisaient à décourager nos éventuels agresseurs : la forêt et les deux rivières où pullulaient de grands caïmans mangeurs d'hommes, ne pouvaient favoriser une attaque surprise de notre village.

Mais voyez-vous, si nos parents avaient ainsi accepté de bâtir notre village dans la grande forêt et de vivre avec les animaux, ils n'avaient pas pour autant conclu un pacte de non-agression avec ceux-ci. C'eût été d'ailleurs assez difficile, vu que nous ne parlions pas le même langage. Résultat, plusieurs personnes furent dévorées par les fauves. On entama la forêt à coups de hache et de machette. On brûla, on laboura tant et si bien qu'on finit par l'ouvrir toute grande sur la savane. Nous n'avions plus rien à craindre des clans voisins, car, le temps passant, beaucoup de choses avaient fini par s'arranger. Des alliances scellées par le sang avaient instauré une paix définitive. Les jeunes gens qui prenaient femme préféraient rester où ils avaient émis leur premier vagissement. Notre village dans la grande forêt, au confluent des rivières Kossio et Yingou, était devenu le point de mire de tous nos voisins et alliés, qui n'hésitaient pas à venir chercher chez nous tout ce dont ils avaient besoin. Nos champs de patates douces, d'ignames et de taros ne cessaient de repousser la forêt. Nos greniers gorgés de mil, de maïs, de haricots et de petits pois, de viande et de poissons fumés, nous mettaient à l'abri des disettes. Notre village était grand. Nous étions heureux.

Je n'étais encore qu'un enfant. J'avais certes subi sans geindre les épreuves de la circoncision ; mais mon bas-ventre, mes aisselles et mon menton ne se couvraient pas encore de cette espèce de toison qui confère le statut de mâle. L'initiation donnée à la circoncision m'avait ouvert l'esprit sur bon nombre de réalités inhérentes à la vie de notre clan et de notre tribu, mais j'avais cependant encore beaucoup à apprendre avant d'occuper une place dans les rangs des hommes. Et puisque je n'étais toujours qu'un « enfant », je jouissais pleinement de tous les privilèges dévolus à cet âge. Comme vous, mes petits enfants, j'aimais les longues promenades en forêt à la recherche du petit gibier, sur lequel j'exerçais mes talents de chasseur en herbe. Comme vous, mes chers petits enfants, nous raffolions des danses et des chants par les nuits limpides où la lune et ses compagnes les étoiles prêtaient généreusement leurs sourires à nos joyeux ébats. »

La répétition de l'expression « mes petits enfants, mes chers petits enfants » nous donna enfin l'impression et la certitude que le vieillard s'adressait effectivement à nous. Nous redoublâmes d'attention en adoptant des positions plus confortables, afin de mieux écouter.

Ngala continua son histoire de sa voix monocorde.

« La lune et les étoiles ne vieillissent jamais. Non, elles ne vieillissent pas comme nous autres les hommes. Il est important que vous le sachiez. Confiez-leur les secrets de votre jeunesse. Elles les transmettront aux générations futures sans rien omettre.

Un grand feu pétillait sur la grande place de notre village. Tous les enfants étaient réunis et voulaient danser très tard dans la nuit. Cette nuit-là une lune toute ronde et les coquines étoiles déversaient à grands flots leur douce clarté sur nos joies simples et pures. Les grandes personnes, elles aussi, étaient venues noyer leurs soucis et leur fatigue de la journée dans l'innocente gaieté des enfants. Nous chantions et nous dansions, tandis que là-haut les astres poursuivaient leur ronde silencieuse.

Or, pendant que les grandes personnes regagnaient leur logis, afin de méditer ou d'échafauder des plans pour les jours à venir, trois hiboux survolèrent à très faible hauteur notre groupe d'enfants et allèrent se poser l'un sur le toit d'une case, l'autre au sommet d'un vieil arbre sec, écorché et triste, le troisième par terre juste à l'entrée du village. Peu de temps après, ils se mirent à ululer ; on eût dit qu'ils obéissaient à un chef invisible. Nous étions persuadés qu'il n'y avait aucun sorcier dans notre village.

Chacun des habitants s'était volontairement soumis à l'épreuve du « gonda », ce poison qui tue les sorciers. On ne pouvait accuser personne. Qui donc envoyait chez nous ces messagers de la mort ? En un clin d'œil, la place du village se vida de tous ses joyeux occupants. Chacun regagna à toutes jambes, et en silence, la case de ses parents où il était certain que la mort n'oserait venir le tirer. Le grand feu de bois continuait de pétiller joyeusement, contrastant avec les macabres « hou-hou » des trois mangeurs d'âmes qui s'incrustaient au plus profond de nos oreilles.

Ce concert de la mort se poursuivit un long moment et aurait continué si, du fond de sa petite case enfumée, mon grand-père Djawéra, le patriarche de notre village, n'avait entonné contre toute attente un chant, dont chaque parole était pleine de mystère. Cette voix mâle, que le temps n'avait pu altérer, eut raison des sorciers. Ce chant du vieux Djawéra, dont les derniers mots ne devaient plus jamais quitter ma mémoire, disait :

Nous ne sommes pas les guerriers de l'ombre.

Nous ne sommes pas les guerriers du crépuscule.

Nous ne sommes pas les guerriers des ténèbres.

Nous sommes les guerriers du soleil.

Nous ne tuons jamais nos ennemis quand ils sont fatigués ou endormis dans leur case le soir.

Nous ne tuons jamais nos ennemis quand ils sont désarmés.

Nous combattons le matin, quand la terre a fini de boire la rosée fraîche des sentiers.

Nous combattons le matin, quand le soleil a dégagé de notre chemin la brume légère et traîtresse.

Nous combattons le matin, assurés d'avoir devant nous des ennemis forts et armés.

Nous sommes les guerriers du soleil radieux.

Du fond de nos cases où le sommeil et la douce chaleur des foyers prenaient graduellement possession des corps engourdis et des esprits effrayés, nous ne perdîmes aucune note de la chanson de Djawéra. Mon grand-père jouissait-il encore de toutes ses facultés intellectuelles ? Pourquoi avait-il osé braver ces redoutables sorciers ? Ces messagers des fantômes n'avaient-ils pas emmené la voix de mon grand-père au pays des ténèbres ? Atcha, le chien noir et blanc de mon grand frère Kongbo, émit un petit grognement, comme pour me prouver qu'il partageait pleinement mon appréhension. Son instinct de chien lui avait fait saisir tout de suite la gravité de la situation.

Kongbo et sa jeune épouse Poumédé dormaient de l'autre côté du pan de mur qui tenait lieu de cloison. Je sombrai bientôt dans un profond sommeil, que ni les moustiques qui bourdonnaient alentour, ni le froid qui se glissait sournoisement par les interstices du toit, ne troublèrent.

Je ne fus réveillé que par mon grand frère, qui cherchait ses armes et sa besace dans l'obscurité, pour aller comme à l'accoutumée lever ses pièges dans la forêt et visiter ses nasses sur la rivière Kossio. Il sortit, suivi d'Atcha, son fidèle compagnon, et me demanda de refermer la porte. On n'avait rien à craindre dans notre village ; cette porte pouvait rester entrebâillée. je me retournai et me recroquevillai sur ma natte pour continuer à dormir. Mais le froid de la nuit rentrait à flots, et je dus me résoudre à aller fermer la porte. Auparavant, je sortis me soulager derrière la case. La lune déclinait vers l'horizon. Bientôt elle ne serait plus qu'une ridicule plaque pourchassée par l'ardent soleil. Le sourire radieux des étoiles devenait de plus en plus terne et mélancolique. Rien ne perturbait encore le profond sommeil de la forêt. « L'aube ne va pas tarder à poindre », me dis-je, en regagnant ma natte, après avoir refermé la porte. Le froid plus vigoureux m'obligea à rechercher dans la cendre du foyer quelques braises susceptibles de redonner naissance à un feu pétillant qui chasserait la vermine et me ragaillardirait le corps. Je ne vis qu'une toute petite braise sur laquelle il me fallut souffler à perdre haleine. Enfin la flamme jaillit.

Les coqs commencèrent à chanter de leurs voix enrouées pour répondre aux sollicitations sonores et provocantes des toucans, perdrix et poules d'eau qui peuplaient la forêt. Allongé sur ma natte, j'écoutai d'une oreille distraite ce concert qui se renouvelait tous les matins en toutes saisons, et dont je connaissais parfaitement la moindre note. Peu de gens faisaient vraiment confiance aux coqs de notre village. Il leur arrivait souvent de nous réveiller en pleine nuit, parce qu'ils avaient pris le clair de lune pour le point du jour. Mais quand les toucans, les perdrix et les poules d'eau se joignaient au concert des coqs, on n'avait plus de doute sur la venue imminente du soleil.

Un bouc en chaleur s'était déjà mis à la poursuite d'une chèvre, et les deux animaux faisaient un de ces tintamarres à réveiller un sourd. Je me tournai et retournai sur ma natte. Rien à faire, le sommeil s'en était définitivement allé.

J'étais jaloux de ma belle-sœur qui continuait de ronfler tout doucement de l'autre côté de la cloison. Je l'aurais volontiers réveillée pour lui raconter des histoires ; mais chez nous il n'est pas conseillé de réveiller une femme enceinte : cela porte malheur, surtout si elle attend des jumeaux. Je m'en étais donc abstenu, préférant éteindre mes rêves et mes pensées que de courir après un malheur. Une femme du village, la première au travail, fendait du bois avec une hache. Quelques instants après, une autre se mit à piler du mil. Ces bruits impersonnels, auxquels vinrent bientôt s'ajouter les lointains vagissements d'un bébé, annoncèrent la renaissance du village.

*

Tout à coup, ces appels familiers furent complètement noyés par d'autres, inattendus, terrifiants et assourdissants. On eût dit qu'un troupeau de buffles ou d'éléphants prenait possession de notre village. Un cri perçant domina ce vacarme qui faisait trembler la terre. Seul un homme en train d'être égorgé pouvait pousser un tel hurlement. En un instant, le village tout entier se remplit de cris de femmes, d'appels d'hommes, de pleurs d'enfants, d'aboiements de chiens et surtout de cliquetis d'armes.

Quelque chose tomba sur notre toit. Un moment après la case tout entière flambait. Ma belle-sœur ouvrit la porte, me poussa dehors et suivit. Un grand diable tout de noir vêtu, la tête entièrement cachée dans un turban qui ne laissait entrevoir que deux yeux et l'arête crochue d'un nez couleur de cuivre, nous barra le passage. Il se mit à nous fouetter furieusement. Ma belle-sœur s'écroula sous les coups. Je me ruai sur cette brute pour essayer de lui enlever son fouet des mains. Un deuxième individu de la même espèce me plongea son sabre dans la cuisse droite, en ricanant.

Toutes les cases de notre village brûlaient. Le spectacle qui s'offrait à nous était d'une horreur indescriptible. Mon père gisait dans son sang, une sagaie enfoncée dans le ventre, tandis qu'un de ces diables cuivrés aux yeux de hibou traînait ma mère vers la grande place du village, où la plupart des habitants se trouvaient déjà parqués. La tête d'un bébé arraché des bras de sa mère éclata littéralement sous le sabot d'un cheval. Séko, mon oncle paternel, exaspéré de voir mon grand-père Djawéra, le patriarche de notre village, maltraité, se précipita sur un des assaillants et le terrassa. L'homme hurla de manière bestiale. Mon oncle venait de lui crever les deux yeux. Il paya son courage de sa vie. L'éclair d'un grand sabre lui trancha la tête.

Quand nous fûmes tous rassemblés sur la place, on nous fit coucher la face contre terre et les mains sur la nuque. Les cases et les greniers brûlaient toujours. Les coups de fouet continuaient de pleuvoir dru sur les dos nus. Comme si les gens s'étaient concertés, plus personne ne criait ni ne pleurait. C'en était trop. On avait atteint le tréfonds de l'horreur avec cette décapitation de mon oncle, l'éclatement de cette tête de bébé, et toutes ces vieilles personnes soumises à la flagellation. Il y a des limites au-delà desquelles les sentiments ne peuvent ni s'exprimer ni même se définir. Tous les humains de notre village, parqués sur cette grande place, abandonnaient leur corps à la souffrance sans pousser le moindre gémissement. Nos envahisseurs se lancèrent alors à la poursuite des poules et des cabris ; ils en attrapèrent quelques-uns dont ils lièrent les pattes.

La nature, l'éternelle nature, toujours insensible aux joies et peines des hommes, reprenait allègrement son essor. Un chant de mésange, pur et mélodieux, s'éleva, tout d'abord timidement, puis s'enfla soudain, envoûtant de ses délices toute la contrée. Un soleil radieux montait doucement dans un ciel d'une rare beauté.

C'est alors que Djawéra l'intrépide, Djawéra l'octogénaire, entonna son chant. Il voulait relever à sa manière le défi de nos envahisseurs. Aussitôt des coups de fouet s'abattirent sur ce vieux squelette décharné. L'effet qu'ils produisirent sur le patriarche fut des plus inattendus. Djawéra chantait de plus belle et chaque fois sa chanson s'enrichissait de couplets nouveaux. Ce débris humain était stoïque et intarissable. Fatigués, les fouetteurs s'arrêtèrent, tandis que claire, dégagée, inébranlable, la voix de l'ancêtre poursuivait sa chanson. Il me semble l'entendre encore. Elle disait :

Mes cheveux ont blanchi à l'ombre des boucliers.

Mes yeux ont pris la couleur des combats loyaux.

Mes mains se sont forgées au contact des armes.

Ma voix est celle du chef qui invite ses sujets à défendre la juste cause.

Mes oreilles entendent la voix de la sagesse et du courage.

Mes pieds ont traversé mille forêts, mille rivières, mille montagnes.

Mes pieds m'ont conduit avec honneur et honnêteté.

Maintenant me voici au bord du tombeau, prêt à rejoindre mes parents, mes amis et aussi mes ennemis que j'ai tués en combats loyaux.

Maintenant que je dois partir, mes enfants, écoutez la dernière vérité :

Gardez vos mains propres.

Gardez-vous de répandre sur elles les larmes et le sang de l'innocence.

Les larmes et le sang de l'innocence engendrent et nourrissent la juste et inévitable vengeance.

Gardez-vous, mes chers enfants, d'être les guerriers des ténèbres.

Soyez, comme vos ancêtres, les guerriers du soleil radieux.

La dernière note de la chanson de Djawéra se perdit dans une toux sèche suivie de vomissements. Puis, plus rien. Le patriarche s'en était allé en chantant rejoindre ses parents, ses amis, et les ennemis qu'il avait tués en combats loyaux. Personne ne pleura. Personne, pas même ma grand-mère qui s'était courageusement assise, plaçant sur ses genoux la tête de celui qui pendant plusieurs décennies fut son compagnon.

Le soleil imperturbable continuait son ascension dans le ciel. En s'échauffant, la terre libéra son peuple de fourmis et autres vermines, qui montèrent immédiatement à l'assaut de nos corps nus, abandonnés à leur portée. Insouciants et même quelque peu goguenards, les habitants de la forêt semblaient décidés à donner un accent nouveau à leur éternelle fête.

Une intense activité régnait autour de nous, mais il nous était impossible de comprendre ce qui se tramait.

Nos maîtres s'exprimaient dans une langue totalement inconnue de nous. Ils ricanaient, pour nous convaincre de l'irréversibilité de leur victoire. Les petites fourmis noires nous piquaient sans répit. La sueur avait depuis longtemps couvert nos corps nus livrés aux ardents rayons du soleil. Combien de temps allions-nous encore endurer cette torture ? Si pour moi, jeune garçon robuste, cette position s'avérait si insupportable, que devait-il en être de ma belle-sœur en état de grossesse avancée ?

Quel mal notre clan avait-il bien pu faire à ces gens tout de noir vêtus, pour les inciter à nous infliger un tel traitement ?

À grands coups de fouet on nous fit asseoir, les mains posées sur la tête.

La caravane

Tout à côté de notre groupe, nos envahisseurs avaient entassé des bois fraîchement coupés, de la grosseur d'un bras d'homme. Je ne comprenais pas très bien ce qu'ils voulaient en faire. Avaient-ils l'intention de reconstruire notre village à leur manière ? S'il ne devait s'agir que de cela, il était inutile de tout brûler ! À l'entrée du village, tous les chevaux étaient rassemblés autour d'un gros tas de mil, résultat de plusieurs mois de labeur, de fatigue et de sueur. Plus près de nous, un groupe de ces « guerriers des ténèbres » assis à même le sol buvaient, en causant et en riant, une espèce d'infusion chaude dans des tasses minuscules. Quand ils eurent terminé de boire et qu'ils eurent rangé tous leurs ustensiles, ils vinrent prendre position autour de notre groupe. Celui qui faisait fonction de chef, un grand diable haut sur pattes comme un énorme criquet, distribua des ordres brefs. Les autres commencèrent à nous tirailler et à nous bousculer dans tous les sens. En fin de compte, nous nous retrouvâmes par petits groupes de trois individus. Nous ne comprenions toujours pas où ils voulaient en venir. Les groupes étaient composés de telle sorte que les hommes vigoureux se retrouvaient avec de vieilles femmes ou des hommes vieux et fatigués, les femmes valides avec des enfants. Alors commença l'opération qui devait nous expliquer mieux qu'un long discours l'intention de nos agresseurs.

Tous les hommes et les jeunes gens de sexe masculin eurent les mains solidement liées dans le dos. Puis, chaque groupe de trois fut placé entre deux bâtons posés sur les épaules très près du cou, l'intervalle entre deux individus n'excédant pas un mètre. Ce dispositif diabolique permettait juste de respirer ou de tousser, mais non de tourner la tête à gauche, à droite ou en arrière. L'impitoyable carcan de l'esclavage venait de nous priver de la liberté jusque dans ses formes et ses manifestations les plus élémentaires. Les femmes qui n'avaient pas de bébé eurent les mains attachées devant elles.

À la fin de l'opération, quelques-uns de ces fantômes enfourchèrent leur monture et se mirent en position de départ sur l'unique piste qui servait d'entrée et de sortie à notre village. On nous ordonna à coups de fouet de nous mettre sur pied. Le cortège s'ébranla, suivant les cinq cavaliers de tête, en direction du soleil levant. Une longue file de gens hagards et hébétés avançait de manière mécanique, encadrée à l'arrière et à l'avant par des cavaliers tout de noir vêtus, et sur les côtés par des tortionnaires passés maîtres dans l'art de manier le fouet. Personne ne parlait. On eût dit que nous tous, les enfants et les bébés compris, étions devenus amnésiques et aphones. Nous avancions vers une destinée sombre et inconnue, poussés par une force à la fois aveugle et inhumaine.

Nous débouchâmes sur la grande savane qui, en ce début de saison sèche, offrait un spectacle de grande désolation avec sa brousse desséchée et jaunissante et ses arbres effeuillés.

Quel contraste avec notre forêt si riche, si verdoyante, si accueillante et surtout si vivante !... Un oiseau au plumage tout noir s'envola brusquement d'un petit fourré épineux, en poussant des cris rauques et macabres. La sueur sortait par tous nos pores et fermentait en une espèce de mousse blanchâtre au creux des aisselles et aux commissures des lèvres. Les mouches et les moucherons s'abattirent sur nous en vols compacts. Ils investirent nos corps et en disposèrent sans rencontrer la moindre résistance. Ils pénétraient partout, dans les yeux, dans le nez, dans les oreilles, dans la bouche. C'était infernal. Nos maîtres s'amusaient de nos efforts désespérés et vains pour débarrasser nos yeux de ces insectes qui y répandaient un liquide piquant, brûlant, insupportable. Le soleil avait atteint le milieu de sa course et décochait sur la terre des traits de plus en plus durs et brûlants. La soif tenaillait les gorges, et la salive devenue rare et pâteuse ne pouvait réussir à la tromper. Mais le silence librement consenti était de rigueur chez les « esclaves ».

Instinctivement je revis mon père baignant dans son sang avec la grande sagaie profondément enfoncée dans son ventre. Je revis la tête du bébé éclatant sous le sabot du cheval. Je revis mon oncle Séko terrassant un de nos envahisseurs et lui crevant les yeux. Je revis la tête de Séko rouler dans la poussière et le sang jaillir de toutes parts. Il me semblait aussi entendre la dernière et l'ultime chanson de notre patriarche Djawéra. Je devais très vite réaliser que j'étais effectivement en train d'entendre une chanson, non celle de mon grand-père chantant dans ma mémoire, mais une autre chanson toute fraîche, sortant de la poitrine velue du grand Koyapalo, le chef de notre village. Aussi inattendue qu'impressionnante, elle s'élevait fière et libre, galopant sur la plaine desséchée, bravant l'insoutenable réverbération, bondissant de colline en colline, pour semer à tout vent son message de liberté. Elle disait :

Mbatchédé est mort les armes à la main.

Séko est mort en luttant.

Djawéra, ce vénérable vieillard blanchi par la sagesse,

Djawéra, ce redoutable lion du soleil radieux dont l'indomptable force physique fit place à une sagesse infinie,

Djawéra, notre père à tous, est mort comme il a vécu, en chantant l'honneur, la justice et la liberté.

Nous sommes humiliés et fatigués,
Mais nos jambes continuent de nous porter.
Nos corps sont couverts de plaies et de sang,
Mais dans nos poitrines la vie continue sa musique mélodieuse.
Notre tête lourde et lasse force nos yeux à regarder le sol à nos pieds,
Mais toujours et toujours dans le lointain infini se porte le regard perçant et inaltérable de nos espoirs.
Mes enfants, mes parents, nous sommes la caravane des miséreux, la caravane des déshérités, la caravane des sans-abri, la caravane des esclaves.
Demain, quand la téméraire, l'intrépide cigale, cachée sous l'écorce de quelque vieux baobab effeuillé par l'âge et les saisons, lancera son cri sans commune mesure avec son ridicule petit corps,
Demain, quand la poule d'eau appellera sa compagne la perdrix des herbes humides pour lui parler de sa fraîche couvée,
Nous serons peut-être tous morts.
Oui, tous morts.
Et la caravane tout entière disparaîtra.
Je suis la voix des ancêtres.
Je vous dis que nous ne mourrons pas tous.

Il en restera un, rien qu'un seul, qui racontera à la terre, à la lune, aux étoiles, aux animaux des forêts, aux arbres, aux oiseaux, à tout ce qui vit, marche, vole, rampe, respire,

Il en restera un, rien qu'un seul, qui racontera du haut de la montagne l'histoire de la caravane.

Celui-là, qu'il le sache dès à présent, sera le dernier survivant de la caravane.

Cette voix de stentor, que les violences de nos maîtres ne purent réduire au silence, termina son chant en toute sérénité. Comme si cette fin de chanson était le signal tant attendu, de toutes ces poitrines suffoquant sous la canicule, de toutes ces gorges desséchées par la terrible soif, de toutes ces lèvres affreusement gercées par l'impitoyable souffle de midi, partirent des chants d'espoir et de gaieté. Toutes ces âmes fatiguées, désabusées, humiliées, trouvèrent encore assez de force pour exprimer leur espoir dans la liberté éternelle. Les tortionnaires entrèrent en action, frappant de tous côtés, sans réussir à stopper ou même simplement à endiguer cette marée de l'espoir en la liberté. Le sang se mit à couler sur nos corps, mais nous avions acquis la certitude que nous étions plus forts que nos tortionnaires, et nous étions heureux. Les bébés se mirent à pleurer comme à l'accoutumée pour solliciter le lait maternel.

Notre caravane atteignit le premier cours d'eau. De grosses mouches noires, de nombreuses abeilles d'un jaune sale grouillaient sur les tas d'immondices jonchant les rives du ruisseau. Une myriade de petits papillons aux couleurs ternes tourbillonnait au-dessus des différents foyers de pourriture. Leur vol lent et monotone donnait une impression bizarre. Cette scène, ces vols de papillons qui dans nos forêts constituaient des spectacles attrayants et hauts en couleur, étaient ici sinistres, on ne peut plus lugubres. L'eau coulait péniblement dans son lit de fange.

Il y a des moments où les sollicitations pressantes du corps prennent le pas sur les résolutions les plus fermes, des moments où l'instinct de conservation se manifeste avec brutalité. Ceci pouvait expliquer notre joie à la vue de cette eau boueuse. Nous nous en approchâmes pour essayer d'y tremper nos lèvres gercées par la canicule, nos figures brûlées par le soleil de plomb, et surtout pour éteindre l'incendie allumé dans nos gorges et nos poitrines par la soif et la rareté de l'air respirable. Nous dûmes déchanter, car attachés comme nous l'étions, nous ne pouvions vraiment nous baisser jusqu'à la surface de l'eau. Seuls nos pieds y trempaient. Deux ou trois cordées se laissèrent choir dans l'eau pour essayer de laper quelques gouttelettes : peine perdue. Ce nouveau supplice dépassait tout le reste. Ces bébés, ces enfants, ces femmes et ces hommes à qui il suffisait d'avaler une toute petite gorgée d'eau, oui, rien qu'une toute petite gorgée d'eau pour se redonner un peu de vie, ne pouvaient pas boire de cette eau dans laquelle ils pataugeaient. Nos tortionnaires ricanaient de plus belle.

Après s'être pour la première fois débarrassés de leur turban, ce qui nous permit de voir enfin à quoi ils ressemblaient, ils se lavèrent la figure et la plante des pieds. Ces gens au teint cuivré, aux cheveux noirs, lisses ou frisés, aux pommettes saillantes, aux sourcils noirs et touffus, aux yeux profondément enfoncés dans les orbites, avaient un nez crochu semblable à des becs de hiboux. Quand ils eurent terminé leur drôle de toilette, ils se mirent sur deux lignes et entamèrent une étrange gymnastique, la face tournée du côté du soleil levant. Au signal de leur chef placé à quelque cinq pas devant eux, ils s'asseyaient, se relevaient, se rasseyaient encore, tendant leurs mains ouvertes devant eux, se cognant le front par terre, se relevant encore. Puis, comme s'ils en avaient assez de ces va-et-vient ridicules, ils s'assirent sur leurs talons, et sortirent des poches de leurs grands boubous des espèces de grosses perles noires enfilées sur des ficelles attachées en rond. Ils se mirent alors à les compter. Pendant ce temps, leurs chevaux s'ébattaient dans les eaux du ruisseau.

Tandis que le soleil descendait rapidement vers l'horizon, la voix de la femme de Djawéra se fit entendre. Cette femme toute ridée et édentée ployait sous le poids des ans. Mais en ce moment précis, sa voix sonnait claire, jeune et limpide comme la flûte du griot aux premières heures d'une matinée pleine de promesses.

Nous tendîmes tous l'oreille pour boire avec délices les paroles de la doyenne de notre caravane.

Elle disait :

« Koyapalo, et tous ici rassemblés, mes enfants, mes parents. Je dois à mon tour aller rejoindre ceux qui nous ont quittés. Djawéra est là qui me tend la main et m'invite à le suivre. Il faut que je parte. Je ne suis qu'une femme. En femme j'ai vécu à l'ombre des hommes forts, justes et courageux. J'ai toujours donné de mon sang et de mon lait pour que la vie se perpétue. Mes yeux ont vécu le temps qu'il fallait pour voir que vous tous, mes enfants sortis de mon sein et nourris de mon lait, n'avez rien oublié des principes d'honneur, de justice et d'honnêteté que vous avez appris de vos parents. Je le leur dirai de ma bouche de femme, et ils me croiront parce que c'est de moi que vient la vie, somme de toutes les vérités ! Ils me croiront, et leurs têtes couronnées de cheveux blancs et de sagesse s'inclineront pour vous féliciter et vous bénir. Je pars, certaine que votre caravane ne disparaîtra pas entièrement. Il y en aura un, rien qu'un seul, pour conter son histoire aux générations futures. »

Sur ces dernières paroles pleines d'espoir, la vieille ferma ses yeux aux paupières toutes ridées et s'endormit de son dernier sommeil. Les larmes tout doucement se répandirent sur nos joues. Personne ne criait.

Quand vint le moment de repartir, nos maîtres s'aperçurent qu'un des esclaves était mort. Et comme il ne s'agissait que d'une vieille femme désormais improductive, ils n'eurent aucun regret à s'en débarrasser. Ils sortirent son corps du carcan, et l'abandonnèrent sur le bord du ruisseau, la face dans la boue.

Cet épisode nous fit oublier les multiples affres de notre propre condition. On nous fouettait encore, mais nous ne sentions plus rien. Nos corps étaient comme insensibles. Nous marchions. Du reste, il eût été difficile de faire autrement que de marcher. Nous marchions les yeux fixés sur l'horizon cendré. Nous marchions pour nous prouver à nous-mêmes que nous étions encore vivants. Les mouches, les moucherons et les moustiques ne cessaient de nous harceler. Et bien souvent nous pataugions dans l'urine et le crottin dont les chevaux couvraient l'étroite piste que nous suivions. Le soleil se rapprochait de la fin de sa course et saupoudrait la savane jaunissante d'une clarté pourprée. La chaleur retirait peu à peu ses impitoyables dards, mais la soif continuait imperturbablement ses ravages dans nos poitrines. Nous marchions toujours, suivant les chevaux et les hommes au cœur noir. De temps en temps, un bébé ou un enfant en bas âge se mettait à pleurer, demandant à sa mère de lui donner à manger ou de lui extraire un insecte de l'œil. L'enfance obéit toujours à ses lois et ne les transgresse jamais quelles que soient les circonstances. Ces bébés, ces enfants devaient certainement s'imaginer que la situation que nous vivions n'était qu'une farce des grandes personnes, et qu'il était temps d'y mettre un terme. Mais force fut de se rendre à l'évidence.

Treize corbeaux volant très bas en file indienne nous dépassèrent dans un battement d'ailes et allèrent se poser sur les branches tordues et noueuses d'un grand arbre dépouillé de ses feuilles. Les corbeaux sont des oiseaux sinistres. Tout en eux évoque la mort : leur plumage noir et triste, leur cri rauque et discordant. Comme la mort, ils semblent faits pour vivre éternellement. Même pendant les grandes périodes de famine, les gens qui souffrent de la faim n'éprouvent nullement l'envie d'en manger. Les corbeaux tout noirs et tout sinistres, et qui ne se nourrissent que de charogne et d'immondices, ont cependant une grande qualité : ils constituent des couples pratiquement indissolubles. Pourtant, ceux qui venaient de survoler notre caravane étaient au nombre de treize ! Un des hommes de la troupe des esclaves rompit le silence pour demander si c'était bien treize corbeaux qui nous avaient survolés. Les gens lui répondirent par l'affirmative.

Pourquoi ces esclaves attachaient-ils soudain tant d'importance à un inoffensif vol de treize corbeaux en quête de perchoir ? En temps normal, ma curiosité d'enfant m'aurait poussé à poser des tas de questions afin de percer le mystère. Mais nous avions alors le plus grand intérêt à économiser le peu d'énergie qui nous restait pour marcher. Les corbeaux s'effacèrent aussi rapidement de nos esprits qu'ils y étaient entrés. Plus personne ne parla.

La caravane avançait toujours. Elle venait d'attaquer la pente assez raide d'une colline, ce qui ralentit considérablement l'allure. Quand nous arrivâmes au sommet, le soleil n'était plus qu'un énorme disque rouge qui commençait à disparaître progressivement dans les entrailles de la terre. De là-haut nous dominions toute la contrée environnante qui s'étendait à perte de vue. En saison des pluies, cette partie du monde recouverte de son manteau de verdure devait constituer un spectacle ravissant. Les « hommes cuivrés » nous arrêtèrent sur cette plate-forme et nous ordonnèrent de nous asseoir en rond. Tout autour de notre groupe ils dressèrent de petites tentes en toile de couleurs vives. Ceci fait, ils se réunirent tous devant la tente du chef pour tenir un conciliabule.

L'ombre du soir entrait graduellement en possession de la plaine et de la colline. Nos maîtres recommencèrent cette drôle de gymnastique à laquelle ils s'étaient livrés près du cours d'eau. Quand ils eurent terminé, ils formèrent de petits groupes pour manger. Leur repas dura longtemps.

Il y a des moments où les besoins physiologiques primaires l'emportent sur les résolutions les plus fermes. Voir ces hommes au cœur noir dîner constituait pour nous, les enfants de cette caravane d'esclaves, une torture, un supplice d'une cruauté inqualifiable. Ne pouvant endurer plus longtemps ce calvaire, les plus petits éclatèrent en sanglots. Un enfant de deux ans, qui en était à ses premiers pas, s'échappa du giron maternel et se dirigea de sa démarche maladroite vers le groupe des hommes en noir. Les multiples appels de sa mère pour le ramener furent vains. La voix de la faim était plus forte que celle de la douce maman. Ce petit être nu et vulnérable s'approcha en titubant du groupe des fantômes. Aucun ne l'avait vu venir. Il posa sa petite main innocente sur le dos de l'un d'entre eux qui sursauta brusquement. L'enfant tendit vers lui sa main, et je suis persuadé que ses yeux d'enfant devaient sourire. La réponse fut extrêmement rapide. L'esclavagiste écarta brusquement le gamin, saisit un fouet à quatre lanières terminées par des boulettes de plomb, et lui en administra trois coups secs. Du sang rouge et beau jaillit de ce corps tendre qui ne put se relever. Surpris par la douleur, cet enfant était resté par terre et regardait son bourreau sans émettre un seul cri. Nous crûmes tous qu'il était mort ! La cordée où se trouvait sa maman se leva et alla le recueillir, pendant que tous les fantômes riaient à gorge déployée en se donnant de grandes tapes dans le dos. Depuis l'aube nous avions reçu un nombre incalculable de coups de fouet, mais aucun ne nous avait fait souffrir autant que les trois coups reçus par cet être innocent. Ces trois coups de fouet, chacun de nous les sentait au plus profond de lui-même. Et le sang rouge qui s'écoulait par les plaies de ce gamin était celui de nos cœurs.

Pressentant que les femmes allaient se mettre à pleurer, le chef Koyapalo prit la parole de sa voix forte et grave. Il parlait haut, comme il en avait l'habitude dans notre village au confluent des rivières Kossio et Yingou. Il disait :

« Le soir qui descend sur le village amène dans son sillage le froid qui engourdit le corps du vieillard, mais revigore celui de la jeunesse. Les petites gazelles trottinent allègrement dans la fraîche rosée du matin pour exprimer leur espoir dans la vie. Les flèches et les sagaies meurtrières du chasseur n'ont jamais ôté à la biche le doux attrait de la prairie où perle la délectable rosée. Le cri de la femme à l'enfantement est un appel à la vie. Le soupir du vieillard, loin de trahir un découragement, exprime la sagesse. L'enfant qui se tait sous la douleur est une force qui attend de s'affirmer pour se libérer. Le sang, qui s'écoule de nos plaies, est un immense fleuve où seront noyés tous ceux qui l'ont fait sourdre. Femme, prends la main innocente de ton enfant, porte-la à ton front et à ta joue pour essuyer la sueur et les larmes. Demain, cette main de l'innocence sera celle de la vengeance et de la consolation. »

Le soleil avait complètement disparu, laissant place aux étoiles et à une grosse lune rouge qui essayait péniblement de s'extirper de sa coquille. Un vent frais balaya la prairie, gravit la colline et nous enveloppa pendant un court moment. Quelques lucioles se mirent à voltiger, leur abdomen papillotant illuminant les multiples zigzags qu'elles traçaient dans l'air. Vaincues par la soif et la fatigue, certaines cordées s'étendirent et s'endormirent rapidement. Le sommeil est le refuge incontestable des êtres vivants ; un refuge extrêmement dérisoire et fragile, qui est cependant un aspect de la liberté inaliénable. La mort elle-même est un sommeil qui soustrait l'esclave à sa condition, et le réhabilite dans son rang et ses prérogatives d'homme, en le mettant sur un pied d'égalité avec ses maîtres. Ainsi certains de nos maîtres avaient-ils eux aussi regagné leur tente pour dormir, tandis que d'autres montaient la garde autour du camp. La lune silencieuse et imperturbable continuait son lent voyage dans la paisible contrée des étoiles. Du côté des esclaves, le silence régnait. Le sommeil avait eu raison de toutes leurs souffrances. Un relent pestilentiel, où se trouvaient confondues les odeurs de sang, de sueur, de crottin de cheval, de fange et autres saletés, s'exhalait de notre troupe. Quelque part dans la vaste nature environnante, un oiseau nocturne entonna son chant situé à mi-chemin entre le ululement de la chouette et le caquetage de la poule d'eau. Nos sentinelles continuaient inlassablement leur ronde. Leur silhouette sur ce fond de lumière blafarde déversée par la lune leur conférait un aspect macabre, terriblement effrayant. Nous ne nous étions pas trompés en les affublant du qualificatif de fantômes.

Tout à coup, un enfant se mit à pleurer très fort, puis un deuxième et un troisième. Tous les esclaves commencèrent à bouger et à parler, comme s'ils venaient de se rendre compte qu'ils étaient couchés sur un de ces tapis de poils à gratter qui jonchent le sol de nos forêts. En un clin d'œil, toutes les cordées furent sur pied. Les terribles fourmis rouges « foufou » venaient de donner l'assaut à notre caravane. Ces insectes aux mandibules agressives vivent en énormes colonies de plusieurs millions de sujets. Ils sont tellement entreprenants que c'est pour eux un jeu d'enfant que de traverser un cours d'eau : avec leurs petits corps accrochés l'un à l'autre ils construisent un véritable pont sur lequel passent tous les membres de la colonie. Aucune bête de la brousse ne leur résiste. Ils sont capables de manger un gros buffle en une nuit, ne laissant au matin que le squelette entièrement nettoyé. Ces bestioles étaient sur nous, et nous ne pouvions rien faire pour nous en débarrasser. Elles grimpaient sur nos corps et nous mordaient horriblement. Nous battions rageusement des pieds pour essayer de les décrocher, mais c'était peine perdue. Les hommes crièrent aux femmes de veiller à ce que les « magnan » ne pénètrent pas dans les oreilles ou le nez des enfants.

Au bruit que nous faisions, nos maîtres crurent que nous nous étions rebellés et se ruèrent sur nous, sabres et fouets en avant. Ils frappèrent sans chercher à comprendre. Ne parlant pas leur langue, nous ne pouvions leur expliquer qu'il s'agissait là d'un phénomène tout à fait indépendant de notre volonté. Et ils frappaient, et ils frappaient, sans se soucier d'autre chose que de frapper... Mais les « magnan » ne font pas de distinction entre les maîtres et les esclaves. Aussi, tout doucement mais sûrement, avaient-ils fini par investir les grands boubous des fantômes. L'un d'eux émit une espèce de glapissement en se grattant dans tous les sens. Ce fut bientôt le tour de tous les autres. Oubliant nos propres douleurs, nous éclatâmes tous de rire en voyant ces êtres, nos seigneurs et maîtres, s'agiter comme de véritables singes sous les piqûres des fourmis.

« Le lion qui a la dysenterie est bien obligé de faire comme n'importe quelle biche souffrant de la même maladie », lança le chef Koyapalo entre deux éclats de rire.

Étant enfin convaincus des données de la nouvelle situation, nos tortionnaires allumèrent des torches, à la lueur desquelles nous vîmes que cette attaque de fourmis était de très grande envergure. Il y en avait partout sur le sol, sur les herbes. Nous nous étions pratiquement couchés à l'entrée de leur immense galerie. Les fantômes nous déplacèrent et nous passâmes le reste de la nuit dans un endroit plus hospitalier, sous la vigilance des esclavagistes tout de noir vêtus.

Le jour se leva comme à regret. Le soleil eut toutes les peines du monde à venir à bout d'un amas de nuages qui lui obstruait le passage. Nos bras entravés depuis la veille par de solides lanières de cuir étaient gonflés et nous faisaient terriblement mal. Toute la horde d'esclaves s'était réveillée et attendait avec stoïcisme les inévitables souffrances de cette nouvelle journée qui venait de commencer. Après s'être livrés à leur ridicule gymnastique, qu'ils firent précéder d'une courte ablution non moins bizarre, nos maîtres prirent leur petit déjeuner en causant et en riant. Ils semblaient tous plus détendus que la veille. Quand ils eurent terminé, deux d'entre eux vinrent à nous, portant chacun un sac en peau de chèvre d'où ils sortirent des petits fruits secs qu'ils nous distribuèrent à raison de trois par personne. Ils nous ordonnèrent ensuite de les manger. Il nous était impossible d'exécuter cet ordre ; nos mains solidement liées dans le dos ne pouvaient franchir l'obstacle du carcan pour parvenir à notre bouche. Ce que voyant, nos tortionnaires se tordaient de rire. Les hommes refusèrent leur part et la donnèrent aux femmes pour les enfants. Un troisième fantôme s'approcha de notre groupe avec une grosse outre faite de la dépouille d'un bouc.

À l'exception de la tête toutes les autres parties s'y trouvaient, y compris les sabots. Il passa en marquant une petite pause devant chacun de nous pour nous faire couler dans la bouche, et plus souvent sur la figure, une eau à forte odeur de peau séchée. Certains d'entre nous se mirent à éternuer pour avoir reçu de l'eau dans les narines.

Le soleil s'était entièrement extirpé des nuages et étalait méthodiquement sur la contrée une lumière plus pure et plus nette qui chassait devant elle l'ombre des vaincus. La caravane des esclaves s'ébranla à nouveau pour son tragique destin quelque part du côté du soleil levant. Nous dévalâmes très rapidement la pente sans nous soucier de la rocaille qui nous meurtrissait les pieds ni des tiges effeuillées qui nous fouettaient les mollets. La plaine triste et jaunissante s'étendait à perte de vue. Comme la veille, nos tortionnaires nous encadrèrent, avec cette différence qu'ils étaient tous à cheval. Nous marchions sans parler. Les fantômes adoptèrent une allure plus rapide, afin de gagner du chemin pendant que nous étions encore frais et dispos. Le babil d'un enfant s'éleva, rythmé par le pas de sa maman. Un roitelet effrayé par les bruits de la caravane partit d'une petite touffe d'herbes sèches.

*

Le roitelet est un tout petit oiseau, il est peut-être même le plus petit des oiseaux de chez nous. On le trouve dans de nombreux contes de notre tribu, aux côtés des grands animaux et des génies malfaisants dont il réussit toujours à se jouer au profit de la juste cause. Le roitelet est à tout point de vue un oiseau curieux. Il lui arrive souvent, par les belles matinées baignées de soleil, de s'élever très haut dans le ciel en un vol tout à fait perpendiculaire jusqu'à disparaître complètement du champ visuel. Puis, de là-haut, il redescend en un piqué vertical et vertigineux, produisant dans l'air un bruit indescriptible. Arrivé à ras de terre, il se redresse et reprend de la hauteur en battant joyeusement des ailes.

Chez nous, le roitelet est pratiquement un oiseau fétiche, un oiseau tabou. Au plus fort de l'orage, à l'heure où tous les autres animaux de la création, bloqués par la peur, s'enferment dans leur tanière, leur antre ou leur bauge, quand s'élève clair et limpide le chant de ce minuscule volatile, malgré le souffle de l'ouragan et la violence de l'averse, les humains sont persuadés que la libération est proche, que l'orage tend vers sa fin.

Il y a chez nous, sur le roitelet, une légende qu'on se transmet de génération en génération.

Un roitelet, dit-on, avait sa couvée dans une touffe d'herbes au pied d'un rônier. Un jour qu'il était allé chercher des termites et autres insectes pour ses petits, arriva un énorme éléphant plus grand et plus gros que trois cases. Dès qu'il vit le rônier, d'où pendaient en grappes immenses les fruits mûrs, il ne put contenir sa joie et se mit à gambader, à sauter, à se rouler par terre sous l'arbre. La perspective du repas qu'il allait prendre lui fit oublier que la nature n'était pas constituée que d'éléphants et de rhinocéros. Il ne se rendait pas compte que tous les éléphants, les rhinocéros, les hippopotames, les lions et les buffles réunis ne sont rien comparés à la grande masse des plus petits, ceux qui rampent, creusent des terriers, se fabriquent des nids, etc. Il ne se soucia nullement des plaintes et lamentations qui s'élevaient de dessous ses énormes pattes. Après avoir bien mangé, notre éléphant se retira, laissant derrière lui un spectacle de désolation. Plus d'herbe, plus d'arbustes à cinquante mètres à la ronde. Rien qu'une terre retournée, crevassée, méconnaissable.

Le roitelet revint, mais repartit aussitôt, croyant s'être trompé de lieu. Il chercha longtemps quelque indice qui lui permettrait de retrouver sa couvée, et ne découvrit rien. Il retourna vers cette terre labourée avec en son centre un rônier ne portant aucun fruit, persuadé que c'était là qu'il avait laissé son nid et sa couvée. Il vola longtemps tout autour, et fatigué, la mort dans l'âme, il se posa pour essayer de comprendre. Des râles d'agonie lui parvinrent de dessous une grosse motte de terre. Il s'activa de ses minuscules pattes et réussit à dégager un crapaud mortellement blessé qui eut juste le temps de lui dire avant de s'éteindre que l'éléphant était le seul responsable de la calamité qui venait de s'abattre sur eux.

Le roitelet se jura de retrouver ce grand frère inconscient et de lui faire payer sa méchanceté. Il partit à la recherche du criminel. Il n'eut pas à parcourir un long chemin, car fatigué par son gigantesque repas, l'éléphant se reposait dans le lit d'un ruisseau. Il somnolait, tandis qu'une myriade de mouches, d'abeilles et de papillons tourbillonnait autour de lui. Le roitelet fendit ce nuage d'opportunistes, et se posa au coin de l'œil de l'éléphant où il donna un petit coup de bec. Le pachyderme ne se réveilla pas pour autant. L'oisillon redoubla de force, mais rien n'y fit. L'éléphant dormait toujours. Excédé, mais surtout découragé par son impuissance, le roitelet alla se poser au haut d'un arbre et se mit à réfléchir : si déjà il était incapable de réveiller l'éléphant en lui donnant des coups de bec, comment pourrait-il mener à bien sa mission qui est de le châtier ! De la réussite de son projet dépendait la survie du peuple des petits, des rampants, des minables. Il se devait d'amener, par le châtiment qu'il infligerait à l'éléphant, tous les grands animaux à reconnaître que les petits aussi ont droit de cité, et qu'ils sont prêts à se défendre !

Pendant qu'il réfléchissait, il vit une abeille tomber dans l'oreille de l'éléphant. Celui-ci bougea son énorme pavillon pour chasser l'insecte, et changea de position.

« Tiens, se dit le roitelet, voilà le défaut de la cuirasse ! » Il partit alors de sa branche et plongea au plus profond de l'oreille de l'éléphant, où il se mit à battre rageusement des ailes. Le pachyderme se leva brusquement, trébucha, se releva et fonça droit devant lui en barrissant. Quand il se fut arrêté, le roitelet sortit de son oreille, se posa sur sa trompe et lui dit : « Reconnais le mal que tu m'as fait : tu as exterminé toute ma famille, je n'ai plus personne sur terre. Je me suis juré de te faire payer ta méchanceté. Regarde-moi bien, et sache une fois pour toutes que je suis ici pour te châtier. »

À ces mots, l'éléphant éclata d'un rire sarcastique qui fit trembler toute la forêt. Les rhinocéros, les buffles et les hippopotames qui se trouvaient aux alentours accoururent pour prendre part à cette joie de l'éléphant, qui leur en exposa le motif. Toutes ces puissances partirent d'un fou rire qui dura longtemps. Du haut d'une branche le passereau les regardait.

Après avoir bien ri, les grands se dispersèrent. L'éléphant oublia jusqu'à l'existence du roitelet et commença de vaquer à ses occupations quotidiennes.

Il sortit ensuite dans la plaine pour respirer de l'air pur. Le roitelet le survolait sans se faire voir. Au moment précis où l'éléphant souleva sa trompe, le roitelet s'y engouffra et se mit à agiter frénétiquement ses ailes. Le pachyderme souffla, éternua, mais ne put expulser le volatile de sa narine. L'intrépide oiseau continua de battre des ailes avec la même vigueur. N'y tenant plus, l'éléphant se mit à barrir, à taper sa trompe avec force contre les troncs d'arbres, à se rouler par terre.

Rien n'y fit. Le passereau s'y trouvait toujours et poursuivait sa fête.

Une fois encore, les puissants voisins accoururent. Le spectacle que leur offrait l'éléphant était pitoyable. Certains proposèrent de lui verser de l'eau bouillante très pimentée et très salée dans la narine. L'idée rencontra l'adhésion de tous. On fit bouillir de l'eau, on y ajouta tout le piment et le sel de la contrée. L'éléphant exténué et totalement inconscient ne comprenait pas ce qui se préparait. Le rhinocéros souleva la trompe. On se demanda dans quelle narine pouvait bien se trouver le traître passereau. Après une longue discussion dont le roitelet ne perdit pas un mot, ils décidèrent de commencer l'opération par la narine gauche. Une énorme quantité d'eau bouillante pimentée fut versée dans la narine gauche de l'éléphant par ses pairs. Ce remède fut pire que le mal. L'éléphant partit droit devant lui comme une bourrasque. Aveuglé par la douleur, il ne put éviter l'arête aiguë d'un énorme rocher et alla s'y fracasser le crâne. Ses amis prirent son cadavre, l'allongèrent sur une civière, et l'entourèrent pour la veillée funèbre.

Le roitelet sortit alors de la trompe inerte par la narine droite. En l'apercevant, tous se précipitèrent pour essayer de l'attraper. L'oisillon s'envola et du haut d'une branche il assista en riant au spectacle que lui offrirent ces mastodontes. Ils s'entrechoquaient, s'écrasaient, les plus forts aplatissant les autres. La corne d'un rhinocéros se planta dans la cuisse d'un hippopotame. Les griffes d'un lion se logèrent dans la panse d'un buffle. Chacun croyait tenir le roitelet. De son perchoir le minuscule volatile interpella l'inénarrable cohue des puissants. Il dit : « Écoutez-moi, tous ! J'ai châtié l'éléphant pour venger ma famille, mes amis et tout le peuple des petits, des rampants et des autres. Et j'ai tué l'éléphant pour vous prouver que, malgré votre force brutale, vous êtes aussi vulnérables que nous. » Ceci dit, il partit de son vol vertical vers les nues. Les gros animaux le suivirent des yeux et finirent par ne plus le voir. Ils reprirent leur place auprès du cadavre de l'éléphant.

Soudain, du plus haut des cieux, quelque chose fondit sur eux dans un bruit sans précédent. La panique fut indescriptible dans les rangs des puissants. Ils se télescopèrent, se renversèrent en fuyant dans toutes les directions, abandonnant le corps de leur frère et ami.

Le roitelet se posa alors sur son énorme victime, se donna quelques petits coups de bec dans le plumage, entonna une chanson et s'envola à nouveau, laissant la charogne à la vermine.

*

Le soleil approchait du milieu de sa course et nous sentions ses rayons nous pénétrer avec beaucoup plus de chaleur. Nos corps n'avaient pas attendu ce moment pour ruisseler de sueur. La marche précipitée, les efforts que nous déployions pour adopter la marche rapide des chevaux avaient fait sourdre de nos pores des filets de sueur. Ma cuisse me faisait horriblement mal. La plaie que j'avais reçue en voulant voler au secours de ma belle-sœur était rouverte et laissait couler un liquide que je ne pouvais voir. Je sentais les mouches se bousculer pour s'incruster plus profondément dans la plaie.

Nous marchions toujours. Cette plaine aux herbes jaunissantes qui s'étendait à perte de vue finit par endormir mon attention aux choses extérieures, pour la plonger dans le monde du rêve, où l'imagination annihile le présent et fait revivre le passé. Tandis que mon corps poursuivait sa marche mécanique vers un avenir inconnu, je me revoyais à cette mémorable chasse au feu de brousse, à laquelle je participai peu de temps après l'épreuve de la circoncision.

L'étendue de brousse qu'on allait incendier appartenait à Kogbondjio, un de mes oncles paternels à qui revenait la charge de garder les mânes de tous nos ancêtres. Il était le gardien des « Amatchi », le plus précieux et le plus puissant fétiche de notre clan. On le consultait à tout moment pour savoir par son intermédiaire ce que les ancêtres pensaient de tel projet ou de telle situation. La réponse des ancêtres nous arrivait par sa voix, qui en ce moment précis n'était plus la sienne, mais véritablement celle des gens d'outre-tombe qui nous expliquait les mystères, conjurait les mauvais sorts et les calamités, et nous prévenait des dangers qui nous menaçaient.

Quelques jours avant le calvaire que nous vivions, j'avais surpris mon oncle Kogbondjio en grande conversation avec son père, Djawéra, et Koyapalo, notre chef. Les trois notables parlaient d'un très grand malheur qu'allait connaître le village. Kogbondjio disait aux deux autres qu'il fallait absolument faire quelque chose. Koyapalo proposa qu'on offrît du sang de poulet blanc et de tortue aux esprits des ancêtres pour les inviter à traduire leurs pensées avec plus de précision, et à définir plus clairement la conduite à suivre. Les trois notables étaient visiblement inquiets, d'autant plus qu'ils sentaient venir quelque chose qu'ils ne pouvaient ni appréhender, ni juguler. Leur conversation s'était poursuivie très tard dans la nuit dans une atmosphère toute empreinte de peur, de mystère et d'un léger espoir. Ils n'avaient fait part de leur entretien à personne d'autre. Et moi, oreille indiscrète, je m'étais bien abstenu de divulguer un tel secret, qui à coup sûr m'aurait attiré la foudre des vivants et des morts.

Tous les ans, au plus fort de la saison sèche, on brûlait l'étendue de la plaine appartenant à Kogbondjio pour la grande chasse en l'honneur des ancêtres de notre clan. Les grands féticheurs des autres clans possédaient eux aussi leur « étendue à brûler », mais il me semblait que la nôtre était la plus grande, la plus célèbre et la plus giboyeuse. Elle partait de la rive gauche de la Yingou et allait jusqu'à la source de la Kovongba, où elle jouxtait l'étendue de brousse de Ndémangora, le grand féticheur du clan des « Lambélas ».

Tous les ans nous attendions que toutes les étendues environnantes fussent brûlées avant de mettre le feu à la nôtre. Les animaux effrayés et délogés venaient se réfugier chez nous. Et quand venait notre tour, la chasse était forcément fructueuse. Mais avant d'arriver à ce stade des opérations, il y avait toute une série de cérémonies qu'il fallait respecter. La date de la chasse étant fixée, on invitait les habitants des villages voisins, chefs et féticheurs en tête. Tous devaient arriver dans notre village la veille du jour indiqué, pour les grandes danses de circonstance, pendant lesquelles étaient chantées les louanges des « Amatchi », afin que la chasse fût la plus abondante possible. On dansait et chantait ainsi toute la nuit. Au petit matin, tout le monde partait pour la région à brûler.

Ce jour-là, j'étais du nombre de ceux à qui revenait la tâche de mettre le feu à la brousse. Tâche délicate et très importante, parce que d'elle dépendait en grande partie le résultat de la chasse. On devait entourer très rapidement l'étendue à brûler d'une ceinture infranchissable de flammes, afin de ne laisser aucune issue aux animaux. C'est pourquoi on choisissait des hommes jeunes, vigoureux, rapides et adroits. Les chasseurs installèrent leurs filets dans les galeries forestières près des cours d'eau, pour attendre les bêtes qui y chercheraient refuge en fuyant les flammes. Les femmes et les enfants s'y reposaient, et n'en sortaient qu'une fois les flammes éteintes, pour chasser les rats et les petits animaux cachés dans les terriers.

Le secteur étant entièrement entouré de flammes, les choses sérieuses commençaient. Ce jour-là j'avais obtenu de mon père la permission de prendre part à la phase la plus redoutable, la plus dangereuse de la chasse. Celle réservée exclusivement aux hommes mûrs et expérimentés. Aussi, après m'être acquitté de ma première tâche, j'ai chaussé mes écorces d'arbres, pris mes trois sagaies et mon couteau et je suis parti avec les grandes personnes à la poursuite des flammes, que le souffle de midi activait, tordait, déchiquetait et lançait très haut dans le ciel. Nous suivions la progression de cette fournaise, nos sagaies à hauteur d'épaule, prêts à transpercer tout gibier qui jaillirait de ce mur de flammes. Nous avancions sans parler, les muscles tendus, tous les sens en éveil. La chaleur était telle que j'ai failli abandonner. Mais c'eût été ternir la bonne réputation de ma famille, reconnue par tous pour les multiples exploits de chasse de ses membres. D'ailleurs toute tentative de fuite de ma part aurait été sévèrement réprimée par mes deux oncles paternels qui m'encadraient. Ils m'auraient à coup sûr brisé les hampes de leurs sagaies sur le crâne et le dos. C'est de cette manière qu'on sanctionnait les peureux et les resquilleurs à la chasse. Nous continuâmes de suivre ces gigantesques flammes vers le point où elles devaient se rencontrer pour mourir. Le soleil était entièrement caché par une fumée opaque et suffocante s'élevant de la fournaise. Le feu ravageait et dévorait absolument tout sur son passage. Les grands arbres de la savane s'embrasaient comme par enchantement. Il n'en restait que branches noueuses, toutes calcinées, au sommet d'un tronc noir et méconnaissable. Au-dessus de nos têtes, bravant la fumée et la fournaise, les éperviers se livraient à des vols acrobatiques pour gober insectes et oisillons s'échappant du brasier. Les chasseurs avançaient imperturbablement. L'approche du centre des flammes conférait à tous un air dur et quelque peu cruel. Bientôt viendrait le moment où hommes et bêtes se livreraient une guerre sans merci. Jusqu'alors aucun gros animal ne s'était fait voir. Tous devaient fuir devant les flammes avec l'espoir de trouver un endroit plus hospitalier. L'enceinte, l'étau de flammes se resserrait inexorablement sur eux. Je jetai un coup d'œil à chacun de mes oncles pour me rassurer et me redonner un peu plus de courage. Leur torse luisait de sueur sous les enduits de cendres. Nul ne se préoccupait des étincelles qui s'abattaient sur nous, et des braises ardentes contre lesquelles nos dérisoires chaussures en écorces d'arbres ne pouvaient nous protéger. Le cercle des indomptables flammes se rétrécissait rapidement. Bientôt le « Donvoro », ce terrible tonnerre des grands feux de brousse de chez nous, allait se déchaîner, semant la panique et la confusion chez les bêtes comme chez les hommes.

Nous continuâmes d'avancer au petit trot. Soudain un vent d'une rare violence venant du côté de la Kovongba s'engouffra dans le brasier avec l'immense colonne de cendre noire qu'il déplaçait sur son passage. Quelque temps après, les dieux des flammes se déchaînèrent. Le Donvoro se libérait. Ravivées par ce vent en provenance du ruisseau, les flammes prirent des proportions considérables. Des grondements plus assourdissants et plus effrayants que ceux des orages d'octobre éclatèrent en séries prolongées au milieu des flammes. La terre elle-même semblait frissonner sous nos pieds. Mes oncles paternels, sentant que j'allais m'enfuir, m'intimèrent l'ordre de ne pas les perdre de vue et de me comporter en homme. Le Donvoro ne cessait de secouer et la terre et les hommes qui en cet instant avaient des mines patibulaires et sanguinaires. L'écho du premier exploit de la chasse nous parvint sur notre gauche, où un chasseur venait de terrasser à coups de sagaie une énorme antilope. De partout éclatèrent des cris de victoire.

Les animaux, étourdis et désorientés par les canonnades du Donvoro et l'étouffante chaleur, allaient droit s'empaler sur les redoutables sagaies des chasseurs. Juste en face de nous déboucha un sanglier monstrueux, suivi de trois biches au pelage calciné. Un de mes oncles se chargea du sanglier. Pour moi, c'était l'occasion de prouver à moi-même et aux autres que j'avais dépassé le stade de la chasse aux lézards et aux petits rongeurs. Je fonçai sur une des biches. Ma première sagaie partit, décochée avec toute la force et la rage de vaincre jusque-là contenues. Elle se logea au ras du cou de la bête. Le fer disparut entièrement dans le corps de la biche qui fit un bond, s'écroula, cassant net la hampe de la sagaie, et se remit à foncer droit devant elle. Elle n'en eut pas le temps, car déjà ma deuxième lance se frayait un chemin fatal au bas de l'omoplate gauche à l'endroit du cœur. La biche trébucha une première fois, se releva, retomba et se mit à râler. Je m'approchai, lui tranchai la gorge, coupai une oreille, récupérai la deuxième sagaie et repartis en hâte vers le point de rencontre des flammes. Mes oncles avaient disparu. J'étais certain qu'ils m'avaient précédé vers le centre du brasier. Le Donvoro éclatait toujours, mais avec moins de vigueur.

Petit à petit les flammes décrurent et moururent, laissant place à un immense tapis de cendre noire, hérissé d'arbres calcinés et tristes comme des fantômes. Les chasseurs commencèrent à s'interpeller pour se retrouver, par affinités claniques et familiales. Je rejoignis mes oncles et leur fis part de mon exploit.

*

J'en étais là de mes rêveries, quand la caravane arriva au pied d'un escarpement rocheux. La montée était rude. Nos maîtres, descendus de leurs montures, les tiraient par la bride. De temps en temps, une des bêtes soulevait ses babines et découvrait d'énormes dents à l'aspect agressif. Maîtres, esclaves et bêtes éprouvaient les plus grandes difficultés dans cette escalade. Un des fantômes avait eu l'idée géniale d'attacher la bride de son cheval à la bande de tissu qui lui servait de ceinturon. Il voulait sans doute garder les mains libres pour utiliser avec plus de dextérité le fouet et éventuellement le cimeterre… Nous n'étions plus très loin du palier supérieur quand, soudain, le cheval en question poussa un hennissement, se cabra, perdit l'équilibre et partit en roulant vers les bas-fonds. Le fantôme n'eut pas le temps de détacher la bride de sa ceinture. Aussi vit-on le cheval et le cavalier prendre tour à tour le dessus et le dessous dans cette descente infernale. Les cris de l'homme se perdirent dans le fracas des pierres roulantes. Quelques instants après ce fut le silence. Ce silence brusque et oppressant qu'une mort inattendue et brutale entraîne toujours dans son sillage. Ces fantômes étaient nos ennemis, ils étaient la cause de tous nos malheurs, mais nous ne souhaitions pas les voir mourir de la sorte. Nous avions un compte à régler avec eux tôt ou tard ; nous n'entendions nullement que la nature le fît à notre place. En regardant à l'endroit d'où partirent l'esclavagiste et sa monture, nous découvrîmes la cause de la catastrophe. Une vipère sur laquelle le cheval avait mis le sabot, l'avait mordu à la patte. Les hommes enturbannés ne descendirent même pas pour vérifier si leur compagnon était réellement mort ou seulement blessé ou évanoui. Chacun d'eux émit une courte interjection, prière ou juron je ne sais, composée de deux mots, « Inch Allah ». Puis ils nous ordonnèrent d'avancer. Il devait être près de midi.

Des lambeaux de nuages d'un blanc cotonneux semblaient se poursuivre dans le ciel poussés par une force invisible. Un souffle frais et agréable contrastant avec la position du soleil au zénith nous accueillit à l'issue de notre ascension. En pensant à ma plaie que je ne pouvais ni voir ni soigner, une joie bestiale envahit mon cœur et tout mon être. Joie de la mort d'un de nos tortionnaires. Nous étions heureux dans notre village au confluent de la Yingou et de la Kossio. Un havre de paix et de bonheur qui se traduisait par les danses au clair de lune, les parties de chasse et de pêche, la culture et les récoltes abondantes. Si aujourd'hui nous nous trouvions là, au sommet de cette montagne dont nous étions loin de soupçonner l'existence, après avoir perdu d'honorables membres de notre clan, tels que Djawéra et Séko... Si aujourd'hui nous étions là, horde de miséreux esclaves en début de putréfaction, enfermés dans d'impitoyables carcans, c'était bien leur faute. Qu'ils crèvent donc. Qu'ils crèvent tous de manière plus affreuse les uns que les autres. Que la nature se charge de nous venger, car désarmés et entravés comme nous l'étions par de solides lanières de cuir, c'était pure utopie que de prétendre renverser la situation. J'étais donc heureux, très heureux d'avoir vu crever un de ces fantômes.

Le plateau sur lequel notre caravane déboucha s'étendait à perte de vue. Pour toute végétation, des arbres rabougris, rongés par une sorte de lèpre. Les herbes, qui ne dépassaient guère nos genoux, semblaient attendre avec impatience la première étincelle qui viendrait les aider à disparaître de ce monde inhospitalier. Une famille de lézards, couleur de latérite, s'éparpilla à notre approche. Nous n'eûmes évidemment pas le loisir de suivre ces reptiles dans leur course, entravés que nous étions par le carcan.

*

Les lézards sont des animaux qui se comportent d'une façon bizarre et incompréhensible. Surtout ceux qu'on appelle en notre langue « Kondjongoro ». Ils sont laids et recouverts d'écailles râpeuses et agressives. Ils se croient si gros, si lourds et si puissants que chaque fois qu'il leur arrive de grimper à un arbre, ils commencent par en éprouver la solidité, pour être certains que l'arbre supportera leur poids ! Mais savez-vous pourquoi ces sortes de lézards sont obligés de vivre constamment dans des terriers ? C'est parce que leur ancêtre, le varan ou « komé », a ridiculisé le lion, le roi de tous les animaux, lors d'une mémorable partie de chasse.

En ce temps-là, dit la légende, le lion et ses hommes de main, la panthère, le guépard et tous les carnassiers avaient constitué le groupe de chasseurs le plus fort de toute la contrée. Les greniers de leur village étaient remplis de viande. On sentait l'odeur de la viande en train de « fumer » à plus de cinq lieues à la ronde.

Tout à côté du village des chasseurs, vivait un vieux lézard solitaire, aux ongles tout usés par les multiples courses sur la rocaille à la poursuite des insectes qui constituaient sa seule nourriture. Il lui était même arrivé une fois de se coincer le nez entre deux méchants cailloux qui lui laissèrent de bien vilaines cicatrices. Tous les matins, le lézard sortait de son trou, s'étalait sur une pierre plate pour son traditionnel bain de soleil. Puis, vers midi, il allait chasser les insectes.

Un jour, la troupe du lion vint à passer par là, et trouva le lézard fort occupé à poursuivre un bousier. Tous éclatèrent de rire. Ils ne comprenaient pas qu'un animal aussi valide que le lézard pût se nourrir de tels déchets. Certains allèrent jusqu'à le bousculer pour exprimer leur mépris.

Irrité par ce manque d'égard à son endroit, le lézard se dressa de toute sa taille et leur dit d'un ton cassant : « Vous êtes de piètres chasseurs, tous tant que vous êtes. Si je voulais chasser le gros gibier, il n'y aurait plus rien pour vous dans toute la région. Vous devriez vous estimer heureux de me voir manger ce que vous appelez des déchets. » L'hilarité atteignit son comble. Le lion lui-même se roulait par terre de rire. On bouscula le lézard. On le tirailla de gauche et de droite. N'y tenant plus, il leur dit : « Puisqu'il en est ainsi, je vous invite demain à une partie de chasse. Moi je serai seul, mais je vous conseille de venir plus nombreux que vous ne l'êtes aujourd'hui. On se retrouvera ici au lever du soleil, et on commencera aussitôt à chasser. Bamara le lion, tu es le chef et c'est surtout à toi que je lance ce défi. J'espère que toi et les tiens vous ne vous déroberez pas. » Les fauves acceptèrent avec enthousiasme, et reprirent leur chemin.

Le lendemain, au premier chant du coq, le lézard était au rendez-vous, armé de trois énormes sagaies placées dans une espèce de carquois en peau de buffle rongée par les mites. Le lion et sa troupe arrivèrent un peu plus tard. Ils se moquèrent de l'attirail du lézard. Mais sans trop tarder, tous partirent pour la chasse.

Après avoir traversé deux cours d'eau, ils tombèrent sur un important troupeau de buffles. Le lion aussitôt se mit à l'affût, et demanda à ses acolytes de partir rabattre le troupeau vers lui. Tous s'en allèrent, sans s'occuper du lézard qui se jucha sur une pierre placée sous le vent, très loin derrière le lion. Le troupeau arriva droit sur le roi des animaux qui sauta sur un gros buffle et commença de lutter avec lui. Les autres bêtes se dirigèrent sur le mangeur de sauterelles qui, du haut de son perchoir, décocha sa première sagaie. Elle s'enfonça profondément entre les deux cornes d'un énorme buffle. La hampe de bois se brisa net, et alla tuer sur place un deuxième buffle. Le petit bout de fer qui terminait la hampe, pour la protéger de l'usure, se détacha violemment et abattit un troisième buffle. Chaque sagaie envoyée par le lézard fit trois victimes. Soit au total neuf buffles de belle taille à l'actif du lézard. Ayant repéré la plus grosse bête du troupeau, le lézard la poursuivit, l'attrapa par les oreilles, lui passa au cou son carquois et ses gris-gris. L'animal resta immobile comme une momie. Le lézard alla s'étendre sur une pierre pour son bain de soleil. Pendant ce temps, le lion et ses acolytes s'acharnaient sur l'unique buffle qu'ils avaient pu atteindre. Quand ils en vinrent enfin à bout, ils allèrent, tout exténués mais triomphants, faire part de leur prise au lézard et se moquer de lui. Le reptile les dévisagea tour à tour avec mépris ; s'arrêtant plus longuement sur le lion, il lui demanda d'ordonner à ses fils de rassembler les buffles que lui, Kondjongoro, avait tués. Les fauves découvrirent d'abord avec stupéfaction neuf cadavres de gros buffles. Mais un vent de panique souffla sur leur troupe quand il aperçurent l'énorme buffle, debout, immobile, avec à son cou le carquois et les amulettes du lézard. Ils s'enfuirent dans toutes les directions. Le lion lui-même alla se cacher derrière un rocher. Après avoir ri tout son saoul de l'épouvante de ces puissants fauves, le lézard s'en alla, à leur grand étonnement, terrasser le buffle et l'égorger. Toutes les bêtes abattues furent rassemblées et on commença à les dépouiller.

La fatigue, et surtout la terrible chaleur qui se déversait ce jour-là sur la contrée, desséchaient les gorges. On envoya l'hyène puiser de l'eau à la source pour toute la troupe. Chemin faisant, l'hyène se mit à réfléchir. Elle ne pouvait vraiment pas comprendre qu'un minable animal comme le lézard fût l'auteur d'un tel carnage, alors que le lion et les siens n'avaient réussi que très difficilement à abattre un seul buffle. Et puis, ce qui dépassait son entendement, c'était d'avoir vu ce gros buffle immobilisé par les amulettes, et finalement égorgé par le lézard comme un vulgaire poulet. Elle commença d'établir des relations et des comparaisons entre leur groupe et le troupeau de buffles. Elle trouva que toutes les bêtes abattues par les sagaies n'étaient autres que les membres de la suite du lion ; le buffle, retenu par les gris-gris puis égorgé, étant le lion lui-même. Cette conclusion tirée, l'hyène décida de se cacher et de ne plus rejoindre le groupe qui, fatigué d'attendre, dépêcha la panthère à sa recherche. Celle-ci toute hargneuse se proposa de punir l'hyène de son impertinence. Mais quand l'hyène lui eut exposé son opinion sur la situation, la panthère se rallia à cette thèse et se cacha à son tour. Le guépard et tous les autres partirent vers la source et n'en revinrent point. Il ne restait plus que le lion et le lézard. N'y tenant plus, le lion décida d'aller lui-même se rendre compte. À son arrivée à la source, ses acolytes lui exposèrent la situation avec tellement de conviction qu'il chercha hâtivement un refuge derrière un énorme tronc d'arbre.

Intrigué par l'absence prolongée des autres chasseurs, le lézard partit à son tour vers la source. L'endroit était étrangement calme. Le reptile sentit cependant la présence cachée du lion et de ses compagnons. Il se racla bruyamment la gorge et cria très fort : « je vais envoyer ma première sagaie derrière ce grand arbre. Si elle n'y trouve pas le lion, la hampe en se cassant ne manquera certainement pas le guépard et la panthère dans le buisson juste à ma droite. » En entendant cette déclaration de guerre, les fauves s'enfuirent à qui mieux mieux, le lion en tête. Le groupe de chasseurs qu'ils avaient si bien constitué se disloqua pour toujours.

Le lézard regagna son terrier et s'y enferma par crainte d'une éventuelle vengeance du lion, qui effectivement se proposait d'infliger une bonne correction à ce mangeur de sauterelles, malgré sa puissance magique. Aussi un matin se présenta-t-il devant le terrier du lézard et lui intima-t-il l'ordre de sortir pour une explication franche, entre mâles. Se sentant perdu, le reptile réfléchit afin de trouver un artifice quelconque qui le débarrasserait à jamais de lui. Pendant qu'il cogitait, une puce le mordit au ventre. Le bruit qu'il produisit en se grattant à cet endroit fit germer dans sa tête une idée. Il se rapprocha de l'ouverture du terrier, gratta son ventre, tapa dessus rageusement comme on le fait d'habitude pour débarrasser une peau séchée de la poussière et de la vermine qui s'y sont incrustées, en disant tout haut, de sorte que le lion l'entende : « Cette vieille besace, faite de peau de lion, est complètement rongée par les mites et les termites. Où trouverai-je un lion, avec une belle crinière, pour me confectionner une nouvelle besace ? »

En entendant cette déclaration sans équivoque, le lion fit un bond formidable, et se cacha au plus profond de la forêt, grelottant de peur.

Les chefs s'affrontent

NOTRE MARCHE se poursuivait, pénible et mécanique, sous l'œil goguenard et indifférent du soleil à son déclin. Le silence qui planait sur notre caravane me confirma dans mon impression que chacun de nous essayait de vivre un peu plus intensément dans le monde ouaté et merveilleux de ses souvenirs, pour échapper à l'instant présent. Mais l'instant présent est comme l'effluve de la civette. Il ne nous quitte qu'à l'entrée du tombeau.

Nous fûmes donc brutalement tirés de nos états léthargiques par une collision en chaîne, due à un arrêt brusque d'une cordée. Les langues commencèrent à se délier, pour nous apprendre que ma belle-sœur était mal en point. Son organisme de jeune femme en grossesse ne pouvait endurer plus longtemps les souffrances qui lui étaient imposées depuis près de deux jours. Toutes les autres cordées se rapprochèrent et formèrent un cercle autour de cette nouvelle victime.

Ma belle-sœur gisait inconsciente dans une position qui obligea ses deux vieilles compagnes de misère à s'étendre à même le sol pour essayer de la soulager un peu. Une espèce de bave suintait au coin de sa bouche. Son gros ventre à la peau tendue et luisante, qui, au village, lui attirait de gentils quolibets, avait considérablement diminué de volume, laissant entre le diaphragme et le nombril un creux inquiétant. La peau à cet endroit s'était inexplicablement plissée. Les femmes de la caravane demandèrent aux hommes de reculer. Elles entourèrent ma belle-sœur. Tout au moins elles essayèrent de constituer avec leur corps flagellé et meurtri une sorte d'abri pour leur sœur.

Leurs bonnes intentions eurent tôt fait de se heurter à l'obstacle inamovible du carcan et de déchaîner la riposte des fantômes. Les fouets à quatre branches terminées par des boulettes de plomb entrèrent en action. Plusieurs cordées furent renversées et rouées de coups. Un des tortionnaires se mit à taper sur la cordée de ma belle-sœur, sans égard pour la grossesse qui était pourtant fort visible. Il vociférait une espèce de juron, qui devait être quelque chose comme « kirdi ». Les deux autres femmes essayaient de se protéger la face avec leurs mains liées. Ma belle-sœur n'eut aucune réaction. Le sang coulait à flot de ses seins lacérés par les lanières plombées. Seuls les petits pleuraient.

N'y tenant plus, le chef Koyapalo et sa cordée se ruèrent sur ce sinistre individu. Ils ne purent atteindre leur objectif, car le chef des fantômes, cette espèce de grande sauterelle aux grandes dents rougies par le jus d'un fruit qu'il mâchait sans arrêt, s'interposa entre les trois esclaves et le tortionnaire, son cimeterre dégainé, prêt à frapper. Il ricanait en secouant la tête de gauche à droite. Après avoir bien ri, il dessina un croissant de lune sur la poitrine de notre chef, en lui déchirant la peau avec la pointe de son sabre. Koyapalo demeura parfaitement stoïque, aucun muscle de son visage ne bougea. Ses yeux rivés sur le grand esclavagiste semblaient lancer des éclairs meurtriers. Tous les esclaves oublièrent jusqu'à la jeune femme agonisante que continuait de flageller le sinistre homme cuivré, pour assister à ce duel. Son travail terminé, le chef des fantômes se remit à ricaner. Ses yeux luisaient d'une espèce de contentement bestial. Nous vîmes l'énorme torse de Koyapalo se gonfler lentement. Puis au moment précis où la grande sauterelle s'arrêta pour respirer avant de poursuivre son ricanement d'hyène repue, notre chef lui envoya en pleine figure, exactement entre les deux yeux, seule partie laissée découverte par le turban noir, une grosse quantité de salive blanchâtre et pâteuse. Le ricanement s'arrêta net, la bouche ouverte. La salive lentement dégoulinait le long de son nez, dans ses orbites et sur ses joues. Nous nous attendions à voir la tête de notre chef rouler sur l'herbe sèche d'un moment à l'autre. L'injure était à tel point inqualifiable qu'elle ne pouvait être autrement réparée. Mais au lieu de cela, l'homme enturbanné rengaina son cimeterre, s'essuya calmement et soigneusement la face avec la manche droite de son grand boubou, et alla vers sa monture.

Immobiles et silencieux, les esclaves attendaient. Le fouetteur s'arrêta de frapper. La silhouette massive de Koyapalo, flanquée de celles plus frêles de ses deux compagnons, se dressait fière et altière dans cette plaine jaunissante, inondée de la lumière du soleil couchant. Nous étions fiers de notre chef. Nous étions fiers de son courage. Que nos tortionnaires le mettent à mort, n'effacerait nullement la profondeur de la haine, du mépris, du dégoût, de l'injure répandues sur eux par le crachat de notre chef. Toutes les souffrances physiques et morales endurées jusqu'alors s'étaient trouvées purgées, éjectées de nos corps et de nos âmes, par ces quelques gouttes de salive jetées à la face du chef des esclavagistes.

Habitués à voir ces gens réagir de manière rapide et brutale, nous fûmes surpris par cette espèce de nonchalance, et surtout par ce silence qu'ils observaient. Peut-être n'avaient-ils jamais prévu pareille réplique de notre part ? Ce silence et cette nonchalance, signes manifestes de notre première victoire, devenaient tout à coup inquiétants et devaient présager un avenir extrêmement menaçant… Ces gens réfléchissaient ; ils prenaient tout leur temps pour chercher une revanche à la dimension de l'outrage, une revanche en tout point inoubliable.

La grande sauterelle ordonna à ses acolytes de détacher ma belle-sœur, de l'abandonner, et de faire repartir la caravane. L'ordre fut rapidement exécuté, ce qui déclencha des torrents de larmes chez les femmes. Tous les hommes du cortège avaient la figure dure et les lèvres pincées. J'éclatai en sanglots en voyant ma belle-sœur étendue sans vie, abandonnée dans cette vaste plaine à la merci des chacals et des charognards. Était-elle réellement morte ? J'étais persuadé qu'elle n'était qu'évanouie, et qu'il aurait suffi de quelques soins pour la remettre d'aplomb. Mais voilà qu'on l'abandonnait froidement, la condamnant ainsi à mourir dans d'effroyables conditions. J'appelai les « Amatchis », les mânes de tous nos ancêtres, les priai et les suppliai de toute la force de mon âme de venir détruire, sans en laisser de traces, tous ces hommes enturbannés dont la méchanceté dépassait les limites de l'imaginable.

Notre caravane repartit à allure précipitée, poussée par les cavaliers de la mort. Les femmes continuaient de sangloter. Tout en pleurant, Lipou, la femme de Koyapalo, appelait sur nos assaillants les pires calamités ayant jamais existé sous le soleil. Je m'arrêtai de pleurer, rejetai les larmes qui s'étaient écoulées dans ma bouche ; je serrai les mâchoires et abandonnai mon être à la marche mécanique.

*

C'est alors que brusquement, comme si le voile mystérieux et opaque qui enveloppait mes souvenirs s'était levé, je me mis à penser à mon frère Kongbo. Il nous avait quittés aux premières heures de ce jour fatal, pour s'enfoncer dans la forêt humide de rosée fraîche, sa gibecière passée à l'épaule gauche et ses armes dans la main droite. Il était parti, suivi d'Atcha, le chien noir et blanc, son fidèle compagnon. Il était parti assuré de retrouver à son retour la douce chaleur de son village et de sa petite cabane, sa jeune épouse, ses parents, ses amis. Et il savait qu'au retour un copieux repas matinal l'attendait...

Une fois je l'avais accompagné dans une de ses randonnées matinales au cœur de la galerie forestière. Kongbo se déplaçait avec aisance dans cet enchevêtrement de branches et de racines plongées dans la pénombre. Il savait exactement où se trouvait chaque piège et connaissait la manière adéquate de le lever. N'ayant pas son habileté, j'avais bien du mal à le suivre. Je trébuchais sur les racines, encaissais sans broncher les coups de fouet des branches épineuses et les piqûres des insectes. Je me sentis soulagé quand nous arrivâmes à la berge de la rivière. Ce répit ne fut que de courte durée, car il me fallut encore plonger avec Kongbo dans cette eau froide que recouvrait un épais brouillard, pour sortir les grosses nasses et les vider de leur contenu. Je grelottais de froid et claquais des dents. Kongbo n'éprouvait aucun malaise et se moquait de moi. Ce jour-là, nous fîmes une excellente prise. Deux énormes poissons et une grosse tortue aquatique étaient prisonniers des nasses, tandis que du côté des pièges, un vieux porc-épic et trois rats palmistes constituaient le butin. Le retour au village fut moins acrobatique. L'obscurité s'étant entièrement dissipée, on marchait plus facilement.

*

Notre caravane continuait d'avancer, dans cette nuit qui avait depuis longtemps pris possession de la nature, des êtres et des choses, sans que l'on s'en fût aperçu. Nous étions incapables de dire sur quel genre de terrain nous nous trouvions, tant l'obscurité était dense. Nos chefs avaient mis pied à terre et conduisaient leurs montures par les rênes. Leur connaissance des lieux n'avait d'égale que l'aisance avec laquelle ils menaient la caravane par cette nuit d'encre. Êtres vides et sans aucun espoir, nous marchions parce que c'était la seule façon de nous prouver à nous-mêmes que nous vivions, et surtout parce que nous ne pouvions faire autrement que de marcher. De la rocaille, de la méchante latérite dure et acérée du sentier, nos pieds passèrent sans transition à un épais tapis de feuilles mortes. Le bruit de nos pas sur cette dépouille de la nature constitua une musique qui, malgré son caractère lugubre, redonna un brin de vie à la colonne des esclaves.

« Nous devons être dans une forêt », dit un homme d'une voix empreinte d'une grande lassitude. Plusieurs voix lui répondirent, comme si chacun voulait profiter de cette minuscule brèche ouverte dans le mur du silence, pour laisser échapper une parcelle de cette vie qu'il recelait en lui. On essaya bien de prolonger la conversation, mais étant donné l'épuisement et le dégoût de tous, la colonne replongea dans son mutisme. De temps en temps, un cheval soufflait, mais ni ce bruit, ni même celui des pieds des hommes et des sabots des bêtes sur les feuilles mortes n'altéraient vraiment le silence.

Une fraîcheur bienfaisante doucement nous envahit. Des lucioles voltigeaient de part et d'autre du chemin que nous suivions. Ces petites lumières papillotantes sur ce fond de nuit noire illuminèrent mon âme et mon imagination de jouvenceau d'un éclat particulier. J'ai aussitôt revu notre village au confluent des rivières Kossio et Yingou, par une de ces nuits sans clair de lune. Devant chaque case dansaient les flammes du foyer. De temps en temps, quelqu'un prélevait de ces flammes animées une poignée de paille sèche pour éclairer son chemin vers l'intérieur ou l'arrière de la case. On suivait ainsi, de n'importe quel coin de notre village, le déplacement de celui-ci ou de celle-là, grâce à ces flammèches qui transformaient ces promeneurs en autant de lucioles.

*

C'était souvent par ces nuits sans lune que Ngangoualendo, notre griot, sortait sa cithare. C'est un instrument de musique composé de cinq cordes de rotin travaillé, reliées à une caisse de résonance recouverte de peau de biche, le tout terminé à sa partie supérieure par une tête de femme en bois sculpté. Notre artiste était un musicien hors pair. Il était l'objet de toutes sortes d'histoires invraisemblables, aussi fantastiques qu'extraordinaires. Paralysé des deux jambes, il ne se déplaçait qu'en se traînant sur ses mains et son postérieur.

Dans sa jeunesse, disait-on, Ngangoualendo était le plus beau et le plus robuste de sa génération. Tout le monde l'aimait. Il était un merveilleux danseur, mais ne savait jouer d'aucun instrument. Il se maria, et peu de temps après, sa jeune épouse qu'il adorait se noya dans la rivière Kossio au cours d'une partie de pêche avec les autres femmes du village. Toutes les recherches entreprises pour essayer de retrouver le corps furent vaines. Au bout de cinq jours, on y renonça, persuadés que la jeune femme avait été dévorée par un de ces énormes crocodiles mangeurs d'hommes qui infestaient la rivière. En l'absence du corps, il y eut tout de même trois jours de veillée funèbre, puis les gens regagnèrent leurs maisons.

Tous les matins, avant le chant du coq, Ngangoualendo se rendait à l'endroit où son épouse avait trouvé la mort, convaincu qu'il découvrirait le corps intact. Il y restait toute la journée et ne rentrait que très tard le soir. Le village commença à s'inquiéter de son comportement bizarre. On alla jusqu'à parler de début de folie et à préconiser certaines mesures au cas où il deviendrait dangereux pour la société. Or, un jour, Ngangoualendo ne revint pas le soir comme à l'accoutumée. On l'attendit toute la nuit, en vain. Au petit matin, les hommes se réunirent pour partir à sa recherche. Le groupe allait s'ébranler en direction de la rivière Kossio quand, tout à coup, les chiens du village se mirent à hurler à la mort et à courir dans tous les sens, pour essayer de se cacher. Les villageois surpris s'arrêtèrent pour comprendre. À ce moment apparut Ngangoualendo, portant sur ses épaules le corps de sa femme ruisselant d'eau. Le corps ne présentait aucun signe de décomposition, comme si cette jeune personne venait de mourir. Il manquait cependant le lobe de l'oreille gauche et un petit bout de nez qu'on aurait dit prélevés à l'aide d'un couteau très tranchant. Les blessures faites en ces endroits laissaient encore échapper quelques gouttes de sang rouge vif. Tel un fantôme, les yeux hagards et le regard inexpressif fixé droit devant lui, le solitaire continua sa marche mécanique, son étrange fardeau sur ses épaules. Interdits et abasourdis, les hommes lui laissèrent le passage. On demanda aux femmes et aux enfants de demeurer enfermés dans les cases, car pareil événement ne s'était jamais vu et était, tout bien réfléchi, inconcevable. Ngangoualendo déposa le cadavre devant sa case et tomba à côté complètement inconscient. Les vieux du village tinrent conseil pour décider de la conduite à suivre. Les « Amatchis » parlèrent par la bouche de Kobondji, pour dire qu'il fallait inhumer le corps de la jeune femme sans tarder. Ce qui fut fait. On s'occupa ensuite de l'homme, qui gisait inconscient.

Dans l'après-midi, un orage d'une rare violence s'abattit sur le village. Des toitures furent arrachées, des arbres déracinés ou foudroyés. Une pluie torrentielle précédée d'énormes grêlons déferla sur la contrée. Quand le calme revint et que les gens sortirent pour faire le bilan du passage de l'ouragan, ils découvrirent sur la grande place du village une grosse biche assommée par la branche d'un arbre. On la dépouilla, mais personne ne voulut manger de cet animal dont la mort en plein centre du village ajoutait aux nombreux mystères de la journée. On garda cependant la peau pour l'offrir aux « Amatchis ».

Ngangoualendo reprit conscience, mais son état physique était des plus alarmants. Il était malade, et tout le monde était persuadé qu'il allait mourir. Il resta cloué sur son grabat pendant deux longs mois. La maladie lui avait paralysé les deux jambes, obligeant le beau et robuste Ngangoualendo à se traîner sur les mains et le postérieur. Quand il fut bien rétabli, il demanda, à la surprise générale, qu'on lui donnât la peau de la biche morte pendant l'orage. De ses propres mains, patiemment et sans l'aide de personne, il fabriqua cette cithare à cinq cordes à laquelle il donna le visage de son épouse décédée. Ngangoualendo est mort sans jamais avoir livré son secret à personne.

Par les nuits sans clair de lune comme celle-ci, qui donnent à cet innocent ballet de lucioles des dimensions extraordinaires, le griot Ngangoualendo avait l'habitude de sortir sa cithare qui l'aidait à libérer son âme et à la laisser vagabonder dans le nirvâna. Il me semble le revoir encore, assis devant sa case sur une natte en brins d'osier, faisant courir ses doigts pleins de virtuosité sur ces cinq cordes qui répondaient par des sons d'une harmonie où tous les sentiments et les états d'âme se retrouvaient, se confondaient et se développaient en une réalité à la fois insaisissable, compacte, diffuse, colorée, diaphane, pure, douce, agressive, radieuse, mélancolique, gaie, pétillante, et toujours parfaite en sa nuance. Il chantait l'amour, avec des couleurs tendres, le vert de la forêt, le rose, l'orange, le bleu des fleurs, le doux ramage des oiseaux, la sautillante chanson des flots sur les galets, les voix pures des mamans chantant des berceuses pour les bébés innocents, les joies des adultes, les sourires des vieillards. Et tout cela remuait les fibres les plus profondes des cœurs.

Je le revois par une de ces nuits sans lune, peu de temps avant la mort qui le réunit à sa bien-aimée, dans ce nirvâna où de son vivant il s'était habitué à vivre. Cette nuit-là, les yeux de Ngangoualendo brillaient d'un éclat extraordinaire à la lueur du feu. Il chantait la haine, la guerre, l'agressivité. Nous étions tous là, femmes et enfants, jeunes et vieux, et écoutions la cantilène du paralytique dans un silence quasi religieux. Tous les habitants de notre village assis à même le sol entouraient l'infirme, sans que personne ne se doutât un seul instant que nous recevions là son ultime message. Ngangoualendo disait :

O Toi sang ! Sang rouge et vermeil,
Sang magique dans la tiédeur éternelle,

Tu es le berceau de la vie que tu transportes et promènes dans nos corps d'hommes,

Dans le corps de l'animal et dans le corps des plantes.

O Toi sang ! Sang brûlant qui te précipites dans nos veines gonflant nos bras et injectant nos yeux pour nous donner la force et la rage de vaincre.

O Toi sang ! Sang vermeil et doux, répandu à l'aube de la vie,

Sang rouge, écarlate, noirci, coagulé ou dilué par l'ardent soleil, l'impitoyable souffle ou la perfide pluie des jours de bataille,

Je t'adore ! Tu es et resteras éternel.

... Et le chanteur continuait, au son envoûtant de sa cithare à cinq cordes, surmontée d'une effigie de femme...

*

Dans le village Diwa, situé sur la rive droite de la rivière Baïdou, vivaient nos alliés les Dakpas. Ces lieux, où la nature dispensait généreusement ses bienfaits, étaient un havre de paix et de bonheur. Les récoltes et les chasses étaient toujours fructueuses. Les Dakpas, vous le savez tous, étaient nos pires ennemis avant de devenir nos meilleurs alliés. Entre eux et nous, c'était toujours la guerre, une guerre sans merci, atroce, qui faisait de part et d'autre de très grands ravages. Le nombre des veuves augmentait très rapidement, tandis que celui des hommes valides diminuait tout aussi rapidement. Malgré cela, les conflits entre les deux tribus n'en finissaient pas. Toutes les occasions étaient bonnes pour déclencher de nouveaux carnages.

Les veuves et les autres femmes des deux tribus se concertèrent à l'insu de leurs maris, et décidèrent de mettre un terme à ces guerres stupides, dispensatrices de désolations, et qui ne profitaient à aucune des deux parties.

Une nouvelle occasion de conflit armé se présenta. Les femmes, averties de la chose, élaborèrent rapidement leur plan. Au petit matin du jour convenu pour la bataille, toutes les femmes des deux camps, suivies de leurs enfants, précédèrent leurs maris vers les lieux prévus pour le combat. Elles s'y retrouvèrent toutes, et leurs progénitures se mirent à jouer ensemble, sans aucun souci pour les terribles hostilités qui allaient bientôt se déclencher. Quand les belligérants vinrent sur les lieux, quelle ne fut pas leur stupéfaction à la vue de ce spectacle insolite sur un champ de bataille ! Les chefs des deux tribus intimèrent l'ordre aux femmes de déguerpir tout de suite avec leurs rejetons. En guise de réponse, femmes et enfants s'assirent sur place.

Un moment après, la doyenne se leva et alla, accompagnée de deux petits enfants, une fillette et un garçonnet issus des deux tribus, se placer entre les deux armées, et se mit à parler d'une voix claire et dégagée. Elle disait :

« Nous sommes heureuses, nous les femmes, de répandre notre sang à l'aube de la vie, parce que nous perpétuons cette vie. Pendant des années, nous la surveillons, et la nourrissons de nos seins pour l'amener à maturité.

Maintenant, nos larmes ont un goût abominable, et nous sommes fatiguées de les avaler par votre faute, à vous, les hommes. Vous supprimez froidement la vie, et vous vous essuyez la figure de vos mains rougies par le sang, ivres d'une joie bestiale, parce que vous ne connaissez pas le prix de la vie. Vous coupez les têtes, sans savoir qu'elles ne repousseront jamais. Nous les femmes, nous en connaissons le prix et la valeur. Vous tous, hommes ici rassemblés, armés, prêts à vous déchirer, vous êtes sortis de notre corps, vous avez été nourris de notre lait. Vous tous, hommes ici présents, aveugles assoiffés de sang, vous avez grandi dans l'amour et la chaleur d'une mère. Aujourd'hui, nous les femmes, nous en avons assez de vous voir tuer ou mourir, simplement pour assouvir votre orgueil et vos ambitions. Aujourd'hui, nous les mères, avec les plus jeunes de vos enfants, nous livrons nos corps à vos armes impitoyables et meurtrières. Il vous faudra nous éliminer tous, avant de vous entre-tuer. J'en ai terminé. »

Là-dessus, elle lâcha les mains des deux enfants, qui se mirent aussitôt à jouer, complètement ignorants de leur appartenance à deux tribus ennemies sur le point de se faire la guerre. Leurs rires argentins, innocents et gais, et leurs joyeux ébats n'échappaient à aucune des deux armées. La vieille femme toujours debout, altière et digne, suivait les jeux des enfants. Un long moment s'écoula, sans qu'aucune des deux parties ne prît de décision. Ces guerriers, rompus dans l'art de manier les armes et la ruse, se trouvaient totalement désarmés par une troupe de femmes et d'enfants aux mains nues.

Cette vieille femme toute ridée, qui se tenait debout en plein champ de bataille, et autour de qui tournoyaient les deux bambins tels deux jolis petits papillons ; cette vieille femme au dos voûté par l'âge, aux seins flasques et pendants, à la peau du ventre molle et plissée, cette vieille femme les narguait et les tenait en respect. Fatiguée d'attendre, la doyenne des femmes appela chacun des deux chefs de tribu par son nom, et les invita à venir la rejoindre. Après une courte hésitation, ils avancèrent, suivis de leurs armées respectives. Le groupe de femmes et d'enfants, qui se tenait assis jusqu'alors, se rapprocha et se rassit entre les deux camps. La vieille ordonna aux deux chefs de venir plus près d'elle. Méfiants, les armes et le bouclier prêts à parer à toute éventualité, l'un et l'autre approchèrent. La vieille leur demanda à tous deux de déposer leurs armes à ses pieds. Personne ne réagit. La femme alla tout d'abord vers le chef de sa propre tribu, lui ôta toutes ses armes, sans qu'il oppose aucune résistance. Puis elle se dirigea vers l'autre chef et procéda de même. Elle déposa toutes ces armes pêle-mêle à ses pieds, sous le regard ahuri des guerriers.

Elle prit alors les deux bambins par la main, et à l'aide d'un couteau fit au poignet de chacun une petite incision. Elle recueillit ensuite quelques gouttes de leur sang dans le creux de sa main gauche, et les mélangea de la pointe du couteau. Ceci fait, elle alla vers chacun des chefs avec le couteau, et lui mit sur la langue une goutte de sang des gamins. Elle procéda de la même manière pour les bambins, puis elle réunit leurs poignets aux endroits incisés afin que leur sang se mélangeât et se confondît. Enfin, elle souffla en direction de chacune des deux armées ce qui lui restait de sang dans les mains.

Cette opération terminée, elle prit à nouveau la parole :

« Chefs des tribus Linda et Dakpa, vous venez d'absorber le sang mélangé de vos propres enfants déposé sur vos langues. En acceptant de le faire, vous vous êtes juré de mettre un terme définitif à toutes vos querelles. Vous venez de conclure un pacte de non-agression et de sceller par le sang une alliance éternelle. Quiconque brisera cette alliance attirera sur sa tribu les pires calamités ayant existé sous le soleil. Par cette même opération, vous avez affirmé devant tous que vos enfants ici présents sont sacrés et appartiennent à vos deux tribus. La guerre et sa cohorte de misères doivent disparaître à jamais pour laisser la place à l'amour, aux mariages, à la procréation et à la continuité de la vie. »

Et Ngangoualendo de poursuivre, emporté par le rythme et l'harmonie de la musique sublime de son instrument :

O toi sang rouge, sang brûlant et ardent,
Tu bouillonnes, gonfles nos membres et injectes nos yeux
Pour allumer en nous la force et la rage de combattre et de vaincre.

*

Dans le village Diwa, peuplé de nos alliés Dakpas et situé comme je vous l'ai dit sur les rives généreuses de la Baïdou, vivait une veuve. Après la mort de son mari, elle avait éconduit tous les soupirants qui voulaient l'épouser afin de l'aider à élever sa fille unique, préférant s'acquitter seule de ce devoir. Dix-huit saisons des pluies s'étaient écoulées depuis ce triste événement. Tandis que la veuve prenait de l'âge, des varices et des rides, la fille s'affirmait physiquement. Elle était d'une rare beauté. Des prétendants de tous âges commencèrent d'affluer sous le toit de la veuve. La « sirène », après s'être concertée avec sa mère, jeta son dévolu sur un jeune homme à peine plus âgé qu'elle, au physique avenant et aux nombreuses qualités de cœur. Ce choix du jeune homme par la jolie fille fit des aigris, des envieux, des jaloux dans les rangs des prétendants malheureux, particulièrement chez les plus âgés. Parmi eux se trouvait, hélas, Lassou, le grand féticheur de la tribu Dakpa. Polygame, père et grand-père d'un nombre important d'enfants, il avait été de ceux qui, dix-huit saisons de pluies auparavant, voulaient s'approprier la veuve. Éconduit par la mère, le voici à nouveau insolemment et honteusement rejeté par la fille. C'en était trop. Il lui fallait venger l'affront.

Lassou était craint et redouté de tous. On lui prêtait des facultés diverses et variées. Par exemple, on le disait capable de transférer une blessure grave ou une maladie de sa personne sur celui qu'il détestait. Il était reconnu par tous invulnérable aux couteaux et à toute autre arme. On disait aussi qu'au début de chaque saison des pluies il redevenait étonnamment jeune. Avec ses dents taillées en biseau et les effrayants tatouages qui recouvraient son visage et son corps, il faisait la loi dans le village et la tribu. Le grand chef des Dakpas et tout le conseil des anciens dont il était membre acceptaient sans discussion ses suggestions, qui étaient plutôt des ordres. Et c'était cet homme-là qui avait décidé de se venger de Yassélingou, fille de la veuve Ébérékeu ! La vengeance étant un plat qui se mange froid, Lassou méditait ses méthodes d'attaque et attendait que l'heure vînt. Il voulait frapper un grand coup, afin de décourager à jamais tous ces jeunes coqs prétentieux qui lui subtilisaient les objets de ses désirs intimes. Lassou mûrissait son sinistre dessein, réussissant à dissimuler parfaitement cette haine, cette rage antijuvénile qui le tenaillait.

Le temps passait sans que l'on eût le moindre soupçon quant aux intentions criminelles du terrible féticheur. Puis, un beau matin, à peine le jeune fiancé de Yassélingou était-il entré dans la forêt, où il allait couper des lianes pour confectionner le toit de sa maison, qu'il fut attaqué et tué sur place par une mystérieuse panthère. On pleura Yakossi, ce robuste garçon au grand cœur, et on l'inhuma.

Le coup fut terrible pour Yassélingou dont les espoirs s'étaient envolés. Or, une nuit, elle reçut en songe la visite de son fiancé, qui lui raconta les motifs et les circonstances de sa mort, en lui désignant son assassin en la personne de Lassou. La fille aussitôt fit part de la nouvelle à sa mère. Dès lors la veuve Ébérékeu eut la certitude que sa fille unique, sa Yassélingou, courait un grand danger et qu'elle, pauvre femme percluse de varices et de rhumatismes, ne pouvait rien faire pour le lui éviter. Elle pleurait, elle pleurait, persuadée que l'inévitable fatalité abattrait tôt ou tard son macabre couperet sur la jolie tête de sa fille.

Le destin une fois encore frappa, et la victime fut Yassélingou. Ce jour-là, la jeune fille était restée seule à la maison pour préparer le repas, pendant que sa mère et la plupart des gens du village s'en étaient allés récolter le mil. Tous les hommes étaient partis, y compris Lassou. Avant de préparer un nouveau repas, la jeune fille alluma un feu en face de leur demeure, et y mit à réchauffer les restes de la veille. Elle retourna dans la case, où elle s'attarda quelques instants pour chercher la boule de manioc devant accompagner la sauce. Elle ressortit, mangea de bon appétit cette sauce réchauffée et le manioc. Après quoi, elle lava la marmite, la remit sur le feu pour le futur repas. Tout en travaillant, elle chantait. Soudain, elle sentit le monde vaciller autour d'elle, s'écroula et se mit à vomir de grandes quantités de sang. Des enfants accoururent pour lui porter secours, mais il était déjà trop tard.

Tous les gens du village pleurèrent. Tous, excepté la veuve Ébérékeu, qui resta parfaitement de marbre, sans une larme pendant les trois jours de la veillée funèbre. Après l'inhumation du corps, à laquelle elle assista avec une insouciance et une désinvolture choquantes, la veuve renvoya tout le monde, et s'enferma toute seule chez elle. Les rumeurs les plus malveillantes ne tardèrent pas à se répandre sur le compte de la veuve. On n'hésita pas à dire que cette veuve, cette sorcière de veuve, qui avait mangé son mari quelque dix-neuf années auparavant, venait de tuer sa fille, et s'était enfermée pour en dévorer seule la chair tendre. Le vénérable Lassou affirma même avec autorité que c'était la veuve qui avait tué Yakossi, parce qu'il s'apprêtait à lui ravir sa fille.

Cinq jours durant, Ébérékeu ne sortit pas un seul instant de chez elle. Et chose absolument étrange, d'énormes volutes de fumée s'échappaient de son toit. Sûrement essayait-elle de boucaner la chair de sa fille pour mieux la conserver et la manger plus longtemps. Au matin du sixième jour, après le premier chant du coq, à l'heure où les ménagères les plus matinales se glissent dehors pour nettoyer devant leur case, elle sortit de sa demeure avec sous le bras droit le vieux filet de chasse de son mari et une botte de gaulettes. Sur l'épaule gauche, elle portait une pioche. Les ménagères, surprises par cette apparition inattendue, semblaient pétrifiées et regardaient avec des yeux arrondis par la peur.

La veuve se dirigea vers le centre du village et y planta les gaulettes, auxquelles elle accrocha le filet comme on fait à la chasse. Elle avait construit de la sorte une énorme circonférence, au centre de laquelle elle se plaça. C'est alors que, d'une voix qui n'avait rien de féminin et qui fit trembler le village, elle réveilla tous les habitants. Ses yeux lançaient des rayons plus puissants que ceux du soleil naissant. Tout le monde accourut, chef et notables en tête. Tenant sa pioche d'une main ferme et décidée, Ébérékeu s'adressa à la foule :

« Hommes, femmes et enfants dakpas ici rassemblés, je vais mourir. Aujourd'hui même, avant que le soleil n'atteigne le milieu de sa course, j'aurai retrouvé mon mari, ce jeune homme qui allait devenir mon gendre et ma fille bien-aimée. Mais je ne m'en irai pas sans avoir extirpé de ce village le mal qui le ronge et qui, à la longue, risque de le détruire entièrement. Un homme de ce village incarne ce sinistre destin qui s'abat sur nos familles. Cet homme s'appelle Lassou... »

Les gens n'en croyaient par leurs oreilles. Mais la vieille femme poursuivit :

« Lassou est la mystérieuse panthère qui a attaqué et tué le jeune Yakossi. Lassou est celui-là même qui a versé dans le repas de ma fille du venin de cobra mélangé à de la bile d'écureuil. Je ne suis qu'une vieille femme. Si Lassou veut réfuter mes accusations, et prouver son innocence, qu'il vienne me rejoindre au centre de ce filet avec les armes de son choix. Nous combattrons. Et sûrement qu'il me tuera, car vous savez tous qu'il est puissant et invulnérable. Moi, je ne suis qu'une vieille femme, armée d'une simple pioche toute usée. Qu'il vienne me tuer, comme il a tué les miens. S'il refuse, c'est qu'il n'est ni un Ganza, ni un Soumali, ni un Dakpa, ni même simplement un homme. » Et elle se tut.

Tous les regards se tournèrent vers le terrible Lassou, qui, piqué dans son orgueil, se précipita dans sa case pour en ressortir armé de deux énormes sagaies, d'un redoutable couteau de jet et d'un poignard attaché à sa ceinture. Il franchit la circonférence constituée par le filet et se trouva dans le cercle avec la vieille femme. Il avait hâte d'en finir avec cette mégère, cette sorcière qui venait de porter atteinte à son honneur et à sa dignité de mâle et de notable le plus vénéré de toute la tribu des Dakpas. L'assistance retint son souffle.

Lassou marcha sur la femme qui doucement reculait avec sa ridicule pioche dans la main droite. Les yeux de l'homme n'étaient plus que deux traits à peine visibles au milieu d'un visage sanguinaire, dur et crispé. Une première sagaie décochée de main de maître passa tout près du cou de la vieille femme et alla se planter au-delà du filet, arrachant à la foule un premier cri de stupeur.

La veuve reculait toujours. L'invulnérable guerrier visa soigneusement et envoya sa deuxième sagaie en direction d'Ébérékeu qui n'arrêtait pas de reculer. L'arme lui laboura profondément le flanc gauche et se planta derrière elle. De gros bouillons de sang rouge jaillirent de la plaie. Nouveau cri de stupeur de la foule. Mais sans se soucier de cette horrible plaie et du sang qui l'inondait, calme et sereine, la veuve ramassa la sagaie et la jeta derrière le filet.

Des reflets diaboliques et un sourire macabre semblaient se dessiner sur le visage du féticheur, qui aussitôt prit son couteau de jet et se mit à le faire tournoyer au-dessus de sa tête. La vieille femme reculait toujours laissant à chaque pas une importante flaque de sang. L'assistance avait l'impression qu'elle chancelait et ne tarderait pas à s'écrouler. Il n'en fut rien. Soudain un terrible sifflement déchira l'air, et le redoutable couteau de jet se logea dans le corps d'Ébérékeu à l'endroit du cœur. Du sang rouge jaillit. La veuve se mordit seulement les lèvres, puis doucement, sans aucun cri, mit les deux genoux à terre sans quitter des yeux son invulnérable ennemi, qui ricanait et prenait tout son temps pour venir égorger cette vieille sorcière qui avait eu l'outrecuidance de le narguer et de souiller sa réputation de si bon matin.

De sa main gauche et tout en vacillant, Ébérékeu prit un peu de sang jaillissant de son cœur et le répandit sur la lame de sa pioche. Le voile de la mort se répandait doucement sur son regard. Elle tenta de se remettre sur pied, n'y parvint pas et prit appui sur son unique et ridicule arme plaquée contre le sol. Le couteau de jet qui émergeait sinistrement de son côté ressemblait à la main du destin. Déjà, l'homme impitoyable marchait sur sa victime pour l'achever. Un ricanement à la fois triomphal et bestial découvrait ses horribles dents taillées en biseau. La vue et l'odeur du sang l'avaient pratiquement rendu fou. Certains villageois se retirèrent précipitamment dans leur case et s'y barricadèrent pour ne pas assister à ce dénouement dont la cruauté allait dépasser les limites du supportable. Inexorablement et prenant tout son temps, Lassou continuait de marcher sur la femme qui demeurait dans la même position et dont le regard avait assez curieusement repris toute sa lucidité, comme pour ne rien perdre de la qualité de la mort qui n'allait pas tarder à s'emparer d'elle. Arrivé à trois pas de la veuve, comme si quelques mains invisibles lui avaient arraché les pieds, Lassou s'écrasa de tout son long sur le sol. Son couteau lui échappa des mains, et sa tête se trouva à portée de la main droite d'Ébérékeu, cette main qui tenait la pioche. L'homme n'eut pas le temps de se relever que la pioche s'abattait sur sa nuque. La lame disparut entièrement dans la tête du féticheur. La foule hurla d'effroi et certains s'enfuirent. Le chef et quelques notables courageux franchirent le filet et s'approchèrent de la femme pour essayer de lui porter secours, mais celle-ci les arrêta d'un geste de la main. Malgré le couteau de jet toujours enfoncé dans la poitrine et son sang coulant à flots, Ébérékeu regagna en titubant sa case où elle s'enferma de nouveau. Quelques instants plus tard, la case tout entière s'embrasa et se consuma rapidement sous le regard ahuri des villageois.

O toi sang ! sang brûlant et ardent,
Tu bouillonnes, gonfles nos membres et injectes nos yeux
Pour allumer en nous la force et la rage de combattre et de vaincre.

C'est par ces mots, incompréhensibles pour nous les enfants, que notre griot Ngangoualendo avait achevé son ultime message.

*

Le tapis de feuilles mortes sur lequel nous marchions depuis un certain temps céda soudain la place à une couche d'herbes sèches : ce qui laissait supposer que la caravane entrait dans une clairière. Cette impression fut confirmée par les premiers rayons horizontaux de la lune naissante qui illuminèrent de leur clarté les arbres alentour et leurs branches effeuillées et noueuses.

Sur l'ordre des hommes en noir, la caravane s'arrêta. Peut-être allions-nous passer la nuit en cet endroit. On nous fit asseoir. Nos maîtres disposèrent des sentinelles tout autour de notre colonne. Ils allumèrent ensuite un grand feu, à la lueur duquel ils dressèrent une tente pour leur chef. Par petits groupes de deux ou trois individus, les autres esclavagistes s'installèrent en des positions d'où ils pouvaient parfaitement nous surveiller. Le sommeil, et surtout l'extrême fatigue et les affres de cette journée infernale, eurent raison de nos corps et de nos esprits. La plupart d'entre nous s'assoupirent profondément. Ni l'odeur pestilentielle de ces corps en putréfaction ni les douces caresses de la brise légère et fraîche ne suscitèrent de réactions dans nos rangs. Une agréable odeur de viande qu'on réchauffait se répandait dans l'air. Au loin, on entendait comme le bruit d'une chute d'eau. Un bébé qui sans doute ne trouvait pas assez de lait dans le sein de sa mère se mit à pleurer. Il pleura longtemps et se calma tout seul, emporté par le sommeil et la fatigue. Après leur repas, les esclavagistes éteignirent le feu qu'ils avaient allumé. Seule la timide clarté de la lune pénétrait graduellement dans la clairière. De temps à autre, les chevaux frappaient la terre de leurs sabots ou bien soufflaient bruyamment comme pour se débarrasser d'une vermine envahissante. La cascade poursuivait sa délicieuse musique dans le lointain, agrémentée par le passage de quelques feuilles mortes que la brise entraînait dans sa course vagabonde.

Puis, petit à petit, les habitants nocturnes de cette partie du monde commencèrent à se réveiller. Ce fut d'abord le petit crissement des élytres de quelques grillons ou sauterelles cachés dans l'humus de la forêt, crissement ponctué bientôt par les macabres hou-hou d'un hibou, cet oiseau de mauvais augure par excellence. Ce furent ensuite les glapissements d'un couple de chacals. Ces animaux, qu'on dit aussi annonciateurs et même jeteurs de mauvais sorts, prenaient véritablement plaisir à troubler le repos et le sommeil de ces esclaves exténués. Dominant le vacarme des chacals, nous parvint le sinistre hurlement d'une hyène. Tous les esclaves se réveillèrent. Cet animal immonde, qui adore la charogne, était sans doute attiré par les relents de nos corps en putréfaction. Les hommes mûrs nous demandèrent d'ouvrir l'œil et surtout de ne pas étendre bras et jambes. Les bébés et les plus petits furent l'objet d'attentions particulières. L'ignoble carnivore fit le tour de la clairière en hurlant. Quand il arriva à l'endroit où étaient parqués les chevaux, ce fut une panique et un vacarme indescriptibles. Hennissements suraigus et ruades brutales se confondaient. Une des bêtes poussa un cri à fendre l'âme. Ce cri débordait les limites de la simple panique pour friser le râle de l'agonie. Les esclavagistes allumèrent des torches et se précipitèrent vers les chevaux pour essayer de les calmer. Quelques instants après, nous vîmes une de ces bêtes traverser la clairière au grand galop et disparaître dans la forêt sans susciter la moindre réaction dans le groupe des hommes « enturbannés ». Longtemps nous suivîmes la course de l'animal grâce à son hennissement plaintif, auquel s'ajoutait le sinistre hurlement de l'hyène.

Le cheval avait certainement été blessé, mais comme ces gens étaient incapables de lui apporter des soins, ils avaient préféré le libérer afin qu'il aille crever ailleurs. L'hyène sera en fête ce soir. Grisée par l'odeur du sang frais, elle poursuivra cet animal toute la nuit, le dévorant à chaque arrêt jusqu'à l'achever.

Les esclavagistes regagnèrent leurs places et la clairière replongea dans son silence initial, avec comme toile de fond la musique continue de la lointaine cascade. Il n'y eut plus ni hurlement d'hyène ni glapissement de chacal. Ils étaient probablement tous lancés à la poursuite du cheval, alléchés par le festin en perspective. Le calme aidant, nous ne tardâmes pas à retrouver le sommeil.

LE COMBAT FINAL

QUATRE ESCLAVAGISTES enturbannés nous tirèrent sans ménagement de notre sommeil où nos corps étaient allés oublier leurs misères et puiser de nouvelles ressources. Ils marchaient sur nous sans se soucier de savoir s'ils posaient les pieds sur la tête d'un bébé, sur le ventre d'une femme ou sur la gorge d'un homme. Tout en parlant leur jargon guttural et incompréhensible, ils poursuivirent leurs investigations, foulant les esclaves aux pieds. Ils s'arrêtèrent enfin sur la cordée du chef Koyapalo qu'ils mirent debout à grands coups de cravache. Ils extirpèrent notre chef du carcan et projetèrent brutalement sur le sol ses deux compagnons de misère. Ils le firent sortir de notre groupe. Femmes et enfants pleuraient. Le sort réservé à notre chef ne faisait plus de doute. Ils allaient laver dans son sang et avec son sang l'affront qu'il leur avait infligé en crachant au visage de leur chef. Ils allaient, à n'en point douter, lui trancher la tête…

Une fois sorti de notre cercle, malgré les fatigues et les souffrances de ces deux journées terribles, malgré ses mains solidement entravées dans son dos par les lanières de cuir, Koyapalo leur opposa une résistance farouche et déterminée. Il voulait mourir comme il avait vécu, en combattant, en luttant jusqu'à son dernier souffle. À eux quatre, les « fantômes » ne parvenaient pas à le maîtriser. Ils culbutaient, s'empêtrant dans leur immense gandoura. Convaincus qu'ils n'en viendraient jamais à bout tout seuls, ils crièrent à la cantonade pour appeler du renfort. Il n'en fallut pas moins de dix pour traîner notre chef jusqu'à la tente de leur chef. L'un d'entre eux alluma une torche qu'il tint à bout de bras, éclairant la scène. Mais les esclavagistes formèrent un écran qui nous cacha notre chef et nous empêcha de suivre l'événement. Ils s'étaient tous agglutinés autour de Koyapalo. Les plus âgés d'entre nous ordonnèrent aux femmes et aux enfants de se taire afin de nous permettre d'entendre quelques bribes de ce drame... Pas un cri, pas même la moindre plainte ou supplication. Notre Koyapalo, notre très grand Koyapalo, toujours égal à lui-même, voulait mourir sans donner aux assaillants la moindre occasion de jouir de ses douleurs et de douter de notre courage. Koyapalo avait décidé de mourir en silence.

Un temps assez long s'écoula sans altérer notre attention entièrement captée par ce spectacle macabre qu'éclairaient les flammes vacillantes d'une torche sous le regard placide et indifférent de la lune parvenue à la verticale de la clairière. Nous vîmes alors le mur des esclavagistes s'écarter pour livrer passage à un Koyapalo pantelant et certainement mort, dont ils traînaient le corps. Arrivés dans notre groupe, ils le replacèrent dans le carcan et l'abandonnèrent inconscient sur le sol. Spontanément nous nous rapprochâmes, pour essayer de comprendre. Koyapalo respirait encore faiblement, Koyapalo était donc encore vivant. Quelle espèce de torture ces hommes sans cœur lui avaient-ils fait subir ? Kogbondjo ordonna à toutes les autres cordées de retourner se coucher, excepté celle où se trouvait la femme du chef.

« Remets-lui son cache-sexe », lui dit le notable, qui poursuivit sur un ton empreint d'une grande tristesse : « Ces gens sont plus cruels que tout ce qu'on peut imaginer. Est-il possible qu'un homme inflige un tel châtiment à un autre homme ? Amatchi, Alengoa, Yamissi, Krélé, Ahoya, Kodoulou, si vous m'entendez, emportez-moi, enlevez-moi de ce monde, afin que je n'aie plus à revoir de telles horreurs. Emportez-moi, oui, emportez-nous tous. »

La femme du chef pleurait. Ces paroles sibyllines du notable et ces pleurs nous confirmèrent dans notre conviction que l'état de notre chef était extrêmement grave. Mais nous étions incapables de supposer ce dont il s'agissait.

Le chant rauque et discordant d'une perdrix et les appels stridents des cigales nous arrachèrent à cette dernière tranche de nuit et de sommeil plein de cauchemars. Notre première pensée à l'aube de cette nouvelle journée de calvaire fut pour notre chef. Il avait repris connaissance et retrouvé toute sa lucidité. Il promena un regard serein sur le groupe, puis appela chaque notable par son nom et dit simplement : « Je ne suis plus un homme, ils m'ont châtré. Je ne suis plus rien. » Et il se tut. Nous connaissions et comprenions enfin toute l'horreur du spectacle diabolique qui s'était déroulé sous le regard placide et indifférent de la lune.

Sans attendre que le jour fût complètement levé, nos maîtres avaient plié leurs bagages et ordonné le départ. Longuement nous cheminâmes dans cette forêt dont nous distinguions de mieux en mieux les arbres. Un froid assez sournois pénétrait nos poitrines et engourdissait nos membres. Au fur et à mesure que nous avancions, le bruit de la cascade devenait de plus en plus fort, de plus en plus distinct. La piste maintenant dégringolait une pente assez abrupte. Il nous fallait faire très attention, afin de ne pas partir en roulant vers le bas-fond d'où s'élevait un brouillard épais et cotonneux. C'était vraisemblablement là le lit de ce torrent dont les violents mugissements nous étourdissaient presque.

Un spectacle grandiose et fantastique s'offrit à nous à notre arrivée, au bas de la pente. D'immenses trombes d'eau se déversaient du haut d'un énorme bloc de rochers surplombant le ravin. Elles rebondissaient d'une grosse pierre à l'autre, écumaient, bouillonnaient, tourbillonnaient, rugissaient, furieuses et tumultueuses. Je n'avais jamais rien vu de pareil. Ces eaux se déchaînaient contre ces pierres colossales qui avaient osé les arrêter dans leur course nonchalante. Je n'arrivais pas à croire que l'eau, cet élément banal, calme, qui se traîne péniblement à travers les roseaux, sur les galets ou le sable fin, pût déployer une telle puissance, une telle furie. Jusqu'à quand durera cette terrible bataille, opposant deux des forces les plus immuables de la nature ? Qui l'emportera ? Une sorte de fumée blanche s'échappait continuellement de cette gigantesque marmite en perpétuelle ébullition. Nous longeâmes la rivière en aval. Chemin faisant, ces eaux en courroux s'apaisaient et reprenaient leur allure paresseuse sur leur lit tapissé de pierrailles. On nous fit traverser à un endroit où la rivière nous arrivait à peine à mi-mollet. Elle était tellement fraîche qu'elle granula instantanément notre peau. Nos mâchoires claquaient. Mais l'allure précipitée avec laquelle nous escaladâmes l'autre pente nous réchauffa vite.

Le soleil, déjà bien au-dessus de l'horizon, nous accueillit de son sourire radieux et étincelant. Le ciel d'un bleu métallique annonçait une journée pénible. Devant nous s'ouvrait un plateau recouvert d'une végétation rabougrie et en passe d'être entièrement cuite par l'implacable soleil de saison sèche. Tout en marchant, les hommes en noir nous distribuèrent ces fruits secs et sucrés qu'ils nous avaient fait manger la veille.

Je cherchais des yeux notre chef Koyapalo pour voir dans quel état il se trouvait. Il marchait, le regard fixé devant lui, les mâchoires serrées. Les faces internes de ses cuisses étaient recouvertes de sang coagulé, ainsi qu'une partie de ses mollets qui attiraient déjà un grand nombre de mouches. Il devait souffrir atrocement à chaque pas. Un autre que lui aurait certainement adopté une démarche susceptible d'atténuer la douleur. Mais lui, Koyapalo, voulait absolument continuer de prouver à nos tortionnaires qu'il leur était toujours supérieur, malgré la mutilation qu'ils lui avaient infligée. Il marchait, il marchait, nous donnant à chaque pas un exemple de courage sans précédent.

Les esclavagistes forcèrent l'allure, menant leurs chevaux au petit trot. Et pour nous obliger à suivre ce nouveau rythme infernal, ils réunirent toutes les cordées grâce à des lanières de cuir attachées aux carcans. Nous formions ainsi une longue file entourée de chevaux. Le carcan de tête était arrimé à la selle d'une des bêtes par une lanière de cuir de près de deux mètres. Ainsi étions-nous à la merci de cet animal dont nous devions, sans geindre, subir tous les caprices. Jamais un spectacle n'a été plus poignant, plus pitoyable, que de voir toutes ces vieilles femmes, toutes ces mamans chargées de leur progéniture, tous ces jeunes enfants affaiblis par deux longs jours de jeûne forcé, toute cette colonne de miséreux dépenaillés, aller au petit trot. Nous ne pouvions supporter longtemps cette nouvelle forme de torture. Les bébés et les enfants à bout de souffle éclatèrent en sanglots ; ce qui semblait amuser follement les esclavagistes dont le rire bestial découvrait leurs dents rougies par le jus de ce fruit qui ne quittait jamais leur bouche. Un des gamins s'écroula, provoquant un carambolage monstre où corps et carcans se confondaient. Le cheval de tête qui nous tirait continua son trot sans s'arrêter, traînant sur plusieurs mètres la chaîne des esclaves étendus sur le sol. Les rires de nos maîtres redoublèrent d'intensité.

Le cavalier-guide s'étant aperçu de l'aspect hilarant de notre situation, voulut faire mieux encore, afin d'augmenter la joie de ses pairs. Il éperonna sa monture et partit au galop, oubliant que nous tous entassés pêle-mêle sur le sol constituions un énorme poids mort pratiquement inamovible. La bête fit trois bonds et se cabra violemment. Toutes les lanières qui attachaient la selle au cheval cédèrent. Selle et cavalier décrivirent une superbe parabole dans l'air. L'homme atterrit la tête la première sur un caillou très anguleux qui se trouvait là par hasard. Les paroles qu'il essaya de prononcer furent noyées par des flots de sang qui lui sortaient des narines, de la bouche, et même des oreilles. Entre-temps, la bête libérée galopait allègrement dans la savane jaunissante. Les autres fantômes descendirent de leurs chevaux et entourèrent leur camarade dont les membres s'agitaient encore. Un moment après, chacun reprit son cheval sans qu'apparût sur leur visage le moindre signe d'émotion. L'un d'eux trancha la lanière qui nous reliait à la selle. Plus personne ne s'occupa de l'homme inerte sur le sol. Ils avaient simplement recouvert son visage de l'extrémité de son turban. Ce qui nous donna la preuve de sa mort. Le cheval disparut de notre vue et nul ne songea à le rechercher.

La caravane repartit, mais cette fois-ci à allure normale. Les efforts fournis sous la chaleur couvraient nos corps de sueur. Le silence était total chez nos maîtres. Peut-être se disaient-ils qu'une main invisible semblait décidée à entraver le cours de leurs desseins machiavéliques. Ils n'arrivaient pas à comprendre que deux des leurs aient pu mourir de façon si inattendue. Trop fatigués, les esclaves eux aussi se taisaient. Toute la colonne avançait dans le mutisme. Le soleil arrivait au zénith. Un petit vent en provenance de l'Orient enveloppa la caravane dans ses replis chauds et secs, et continua sa course vagabonde vers d'autres contrées, caressant et desséchant sur son passage la végétation naine et lépreuse.

À l'horizon lointain apparut la silhouette massive et sombre d'un grand arbre. Elle semblait danser, se plier inexplicablement, grandir, s'épaissir. Au fur et à mesure que nous en approchions, la silhouette prenait de la consistance et affirmait qu'elle n'était pas un fantasme ou un mirage. Un gros baobab, plus gros que tous ceux qu'il nous avait été donné de voir jusqu'alors, se dressait là devant nous, gigantesque, majestueux, auréolé de toute la verdure de son immense feuillage. Oui, un baobab aux feuilles absolument vertes se tenait là, bien en évidence dans cette contrée où tout n'est que sécheresse, tristesse et désolation. On eût dit qu'une source mystérieuse l'arrosait constamment pour le préserver de la calamité environnante. Des oiseaux de toutes tailles et de toutes couleurs se livraient à une ronde joyeuse dans ce feuillage vert. Cette scène que nous étions habitués à voir dans notre forêt au confluent des rivières Kossio et Yingou, et à laquelle nous ne prêtions même plus le moindre intérêt, prenait ici des dimensions supracosmiques qui enveloppaient toute notre attention et notre âme. Tel un troupeau de buffles précipités par la soif vers les eaux vivantes et tonifiantes de quelque lac isolé, hommes et bêtes étaient irrésistiblement attirés par l'ombre massive, dense et compacte qui s'étalait au pied du géant. L'intrusion de notre horde dans ce paradis perdu au milieu de l'immense désolation sema la panique chez les paisibles habitants. Les doux ramages et les joyeux pépiements s'arrêtèrent brusquement.

Quelques instants après, comme s'ils obéissaient à un mot d'ordre, les oiseaux s'envolèrent par vagues successives, battant furieusement des ailes et laissant tomber leur fiente sur nos têtes en signe de désapprobation. Les cavaliers mirent pied à terre. Tous les esclaves s'assirent. Certaines cordées s'allongèrent pour mieux profiter des délices de cette oasis.

La pause au pied de l'immense et imperturbable baobab solitaire fut exceptionnellement longue. Nos maîtres eux aussi s'étaient allongés sur le sol et observaient un silence qui trahissait une lassitude physique, empreinte d'un certain scepticisme. Ils semblaient engourdis et réagissaient avec une lenteur qui n'avait rien de commun avec le caractère que nous leur connaissions.

Péniblement et comme à regret, le chef se remit en selle et ordonna le départ. La caravane s'ébranla pour s'engouffrer aussitôt dans l'étouffante canicule. Pris dans le carcan, je ne pouvais me retourner pour un dernier coup d'œil reconnaissant à cet arbre solitaire et verdoyant, à l'ombre duquel nous avions refait nos forces. Je le sentais s'éloigner de moi à chaque pas. Mais je sentais surtout comme un léger espoir allumé en mon âme d'enfant par la présence insolite de ce baobab au feuillage vert abritant un innombrable peuple d'oiseaux grouillants et multicolores. Minuscule oasis vivante perdue dans le désert de la désolation et de la mort, cette parcelle de vie oubliée là était incapable de dire quelle espèce d'enthousiasme soulevait et gonflait mon cœur de jouvenceau, mais il me semblait que ce baobab solitaire feuillu et vert, qui narguait l'implacable soleil de saison sèche et les impitoyables souffles de midi, était un défi de la vie à la mort.

Le soleil maintenant se rapprochait de la fin de sa course et répandait sur le paysage, et particulièrement au flanc des collines, une lueur rouge et or. La chaleur avait considérablement diminué. Un groupe de pigeons verts disposés en lame de flèche survola la caravane. Ils venaient du côté du soleil levant et se dirigeaient certainement pour la nuit vers le gigantesque baobab solitaire. La piste sinueuse dévalait le versant d'un coteau. De cette position surélevée, nous aperçûmes la ligne sombre d'une galerie forestière qui signalait infailliblement l'existence d'un cours d'eau. Les chevaux retroussèrent leurs babines, découvrant leurs énormes dents d'herbivores au travers desquelles suintait une bave blanche et mousseuse. Ils dressèrent la queue et se mirent à trotter. Ils avaient eux aussi senti la présence de l'eau.

La rivière coulait joyeusement dans son lit jonché de sable, de petits cailloux, de feuilles mortes et de brindilles. À l'endroit où nous nous étions arrêtés, elle formait un coude qui élargissait son cours. On nous fit asseoir. Nos tortionnaires se lavèrent la figure et se livrèrent à leur jeu préféré qui consistait à se cogner le front plusieurs fois contre le sol en se tournant vers le levant. Ils prirent ensuite un bon repas en causant d'un air tout à fait détendu. Pendant ce temps, leurs chevaux mangeaient des graines de mil versées en tas sur une natte. Nous étions là assoiffés, déshydratés, à moins de six pas d'une rivière dont la fraîcheur vivifiante et régénératrice nous parvenait par intermittence au gré d'une légère brise. Les esclavagistes commencèrent à dresser leurs tentes et nous comprîmes alors que nous passerions la nuit en ces lieux. Le soleil n'avait pas encore tout à fait disparu. Contrairement à la nuit précédente où ils n'avaient installé qu'une seule tente pour leur chef, chacun d'eux planta la sienne. Convaincus qu'il n'y avait plus rien à redouter d'un groupe d'esclaves physiquement et moralement épuisés, ils voulaient passer la nuit dans d'excellentes conditions. Peut-être ne nous restait-il pas une longue distance à parcourir. Ce déploiement de faste nous laissa tout à fait indifférents.

Quand ils eurent terminé leurs travaux, tous les hommes en noir vinrent entourer notre groupe. Quel macabre dessein voulaient-ils mettre encore à exécution ? Qui allaient-ils encore châtrer ? Quelle nouvelle forme de torture allaient-ils nous infliger pour assouvir leur sadisme ? Pour la première fois, il se produisit un événement des plus inattendus. Sur l'ordre de leur chef, les esclavagistes se mirent à débarrasser nos poignets des puissantes lanières de cuir qui les entravaient cruellement depuis bientôt trois jours. Après quoi ils nous poussèrent vers le ruisseau. Ils nous avaient libéré les mains pour nous permettre de boire et de nous rafraîchir un peu le corps. Nos mains ankylosées répondaient très maladroitement et le contact de l'eau fraîche accentuait la douleur. Nous essayâmes tant bien que mal de nous mouiller la tête et la figure. L'inamovible carcan nous empêcha de faire mieux. Pour la première fois depuis trois jours nous sentions les douces caresses de l'eau sur nos corps. Les plus petits oublièrent jusqu'à leur condition d'esclaves pour se livrer à des jeux. Ils s'arrosaient en riant joyeusement. Les langues se délièrent et les adultes échangèrent des propos de moins en moins en rapport avec notre situation. Si leur espoir en la vie avait été quelque peu entamé, ils prouvaient qu'il n'avait pas été fortement ébranlé. Pendant ce temps, sur la berge, nos maîtres surveillaient le manège d'un air visiblement satisfait. Ils étaient heureux de savoir le « cheptel » en bonne forme physique. Ils causaient, et de temps en temps montraient l'un ou l'autre d'entre nous de la pointe de leur sabre. On eût dit qu'ils procédaient à un partage.

L'ombre du soir remplaçait graduellement la lumière du jour. Nous sortîmes du ruisseau et méthodiquement les lanières de cuir reprirent leur place sur nos poignets. Assis en rond, nous attendions le sommeil en regardant les étoiles découvrir une à une leur sourire étincelant. La galerie forestière s'animait. Les lucioles, dont on suivait aisément la trajectoire dans l'obscurité, faisaient penser à des messagers chargés de porter la nouvelle de notre arrivée à tous les habitants de ces lieux. Fatigués, ou simplement convaincus de l'impuissance de notre pauvre horde d'esclaves, nos maîtres avaient dans leur grande majorité regagné leur tente, ne laissant en sentinelle que deux individus plus occupés à bavarder et à se réchauffer près du grand feu de bois qu'à nous surveiller. Le sommeil, la faim et la fatigue aidant, nous oubliâmes jusqu'à leur existence. Certains d'entre nous ronflaient. Nos yeux habitués à l'obscurité distinguaient aisément les objets. Les tentes de nos maîtres avec leur toit conique ressemblaient étrangement à ces termitières géantes que l'on rencontrait parfois dans notre grande forêt au confluent des rivières Kossio et Yingou. Avec la venue de la lune, s'éleva un curieux concert. Un peuple de crapauds-buffles dans un marécage perdu quelque part dans la galerie forestière se mit à chanter. Ce fut d'abord un coassement, puis deux, puis dix, puis cent. Ils s'arrêtaient comme pour reprendre haleine et accorder leurs instruments de musique, et repartaient de plus belle. La lune tout doucement s'élevait au-dessus de l'horizon. Un grand cercle, couleur arc-en-ciel, l'entourait et lui conférait un air de mystère. Trois ou quatre cordées s'étaient regroupées et causaient. Le bourdonnement continu des voix humaines finit par capter toute mon attention, la détournant totalement de la percutante toile de fond que constituait le coassement des crapauds-buffles. De temps en temps, des rires étouffés se faisaient entendre. Koyapalo,

Kogbondjo et d'autres notables avaient sans doute choisi de dominer les événements et la situation en renouant avec les habitudes de notre village. Cette causerie des anciens ne différait guère de celles qui se tenaient régulièrement chez nous, le soir au coin des foyers. Kogbondjo, qui avait la parole, ne voulait pas compromettre l'atmosphère de gaieté et de sérénité qui se dégageait habituellement de ce genre de réunions. Voilà pourquoi, malgré les circonstances tristes et dramatiques, il avait choisi de récréer les esclaves de contes amusants. Il commença son deuxième conte en demandant aux autres s'ils pouvaient lui dire pourquoi les crapauds étaient obligés de vivre dans les mares et ne coasser que la nuit ou après une grande pluie. Comme personne ne lui répondait, il attaqua son histoire.

*

En ce temps-là, l'ancêtre des crapauds était une personnalité de très grande envergure. Il était le roi absolu de tous les reptiles dont aucun n'osait lever la tête pour contester un tant soit peu son autorité, tellement il était cruel. Ses plantations s'étendaient à perte de vue. Nul ne connaissait le nombre exact de ses bœufs, porcs, chèvres et volailles. Le crapaud riche et puissant menait son peuple de reptiles d'une poigne d'acier, ne souffrant aucune réclamation, ne tolérant aucun écart de conduite. Mais de tous ses sujets, les plus détestés du grand maître étaient la tribu des serpents. À eux revenaient les corvées les plus pénibles, les plus viles, les plus dégoûtantes. On les fouettait à tout moment pour le bon plaisir du maître. Et quand celui-ci était content, il prenait tous les serpents, nouait leurs queues ensemble, et leur ordonnait de danser en rond. Et les pauvres tournaient, tournaient, jusqu'à épuisement total.

Malgré ces tortures, les sujets du crapaud ne manquaient aucune occasion pour lui prouver leur affection sincère... Un jour, la vieille maman du grand maître mourut. Les sujets accoururent des quatre coins du pays pour partager la douleur et le chagrin du chef. Ils avaient formé un grand cercle autour de la dépouille de la vieille qu'on avait exposée dans la cour sur une civière richement ornée, et ils pleuraient...

Le crapaud, bien qu'affligé par cette triste circonstance, continua de traiter ses gens avec la même tyrannie. Il passait de groupe en groupe, fouettant ceux qui selon lui ne pleuraient pas comme il fallait, ou ceux qu'il taxait d'hypocrisie. Il mit à sang un varan qu'il trouva en train de somnoler dans un coin de la cour. Il fouetta furieusement un cobra qui s'étirait pour se dégourdir. L'assistance terrorisée pleurait plutôt de peur que de chagrin.

Un petit serpent court et sale, un de ceux que l'on rencontre assez souvent dans les tas d'immondices derrière les cases, trouva cette conduite absolument incongrue et indigne de la circonstance. Il alla jusqu'à la qualifier de scandaleuse et d'intolérable. Deux mots qui semèrent presque la panique dans les rangs des sujets. De mémoire de reptile, personne n'avait osé se prononcer de manière si tranchée sur les exactions, les abus, la tyrannie et les autres caprices du grand maître. Instantanément, le vide se fit autour du petit serpent. Se sentant perdu, parce que lâchement trahi et abandonné par les siens – ceux-là mêmes dont il plaignait le sort – persuadé par ailleurs que n'importe comment son audace et sa volonté d'indépendance seraient sévèrement réprimées, le petit serpent sale et crasseux se dressa de toute sa taille et commença de parler haut. Il dit : « Trouvez-vous normal, vous tous ici rassemblés, qu'après nous avoir maltraités pendant longtemps, le crapaud continue de nous humilier, alors que nous sommes venus l'assister dans le malheur et partager son chagrin ? Je considère qu'il y a en tout des limites que le bon sens devrait s'abstenir de franchir. En ce qui me concerne, et à partir du moment où je vous parle, je ne tolérerai plus les caprices du crapaud. Je le dis tout haut. Je préfère crever tout de suite que de continuer à vivre dans l'humiliation perpétuelle. »

La stupeur était à son comble chez les reptiles. Un vieux boa, blanchi par l'âge et la sagesse, voulut raisonner le petit, tempérer cette ardeur, cette fougue et cette témérité, en lui faisant comprendre qu'il était vain de prétendre s'opposer au crapaud dont la grande puissance était capable de tout détruire ; qu'une telle audace n'attirerait que plus d'ennuis sur le peuple des reptiles ; que la crainte de ce mal risquait de les entraîner dans un mal pire encore. Ce à quoi le minuscule serpent répondit en disant qu'il avait vu et analysé ces aspects de la question, et que tout bien réfléchi il n'engageait personne à le suivre dans la voie dangereuse qu'il avait choisie, et qu'il était prêt à tout accepter, même la mort.

Cette discussion dans le groupe des serpents attira l'attention du crapaud qui revint furieux pour remettre de l'ordre. En le voyant, tous s'écrasèrent de peur sur le sol. Quelques-uns de ces pleutres n'attendirent même pas qu'on leur posât la question et désignèrent tout de suite l'instigateur du trouble à la vindicte du chef. Le crapaud se rua sur le ridicule petit serpent, cravache en avant. Le coup partit, mais n'atteignit pas l'objectif. Le serpent attrapa une patte, puis une deuxième, puis une troisième et la quatrième. Il terrassa le crapaud qui malgré ses multiples efforts ne réussit pas à se libérer des étreintes du serpent. Fou de rage, le petit serpent ouvrit largement sa gueule et se mit à avaler le crapaud pour le faire disparaître définitivement de la surface de la terre. Les autres reptiles, qui jusqu'alors assistaient à la scène totalement abasourdis et ahuris, se libérèrent brusquement de leur peur et se jetèrent sur tous les membres de la famille du crapaud et les avalèrent. La dépouille de la vieille maman subit le même sort. Voilà pourquoi depuis ce jour, pour échapper aux représailles et aux vengeances des serpents, les crapauds préfèrent vivre dans les mares et ne coassent que la nuit ou après la pluie. Voilà pourquoi chaque fois qu'un serpent rencontre un crapaud, il lui fait payer sa dette en l'avalant.

*

La lune entourée d'un grand cercle multicolore poursuivait inexorablement son ascension dans le ciel étoilé. En même temps que le concert des crapauds, l'entretien des notables avait pris fin. Le grand feu allumé par les esclavagistes s'était depuis longtemps éteint. Nul ne pouvait dire où se trouvaient les deux hommes en faction. La fatigue, la fraîcheur de la nuit et le sommeil les avaient-ils contraints à rejoindre leur tente ? Le clapotis du ruisseau ponctuait le silence de la nuit. Les notables dormaient-ils déjà après cette conversation ? Soudain, un bruit insolite réveilla mon attention qui avait commencé à se diluer dans le sommeil. J'entendais distinctement comme les pas et le reniflement précipité d'un animal en train de chasser. D'autres esclaves avaient perçu le bruit et s'étaient redressés pour scruter les alentours. « Gbongo », dit une voix d'homme. L'hyène avait fini de dévorer le cheval qu'elle avait tué la veille et suivait la caravane pour essayer d'en attaquer un autre. Le bruit avançait sur nous en accélérant. Il n'est pas dans les habitudes de l'hyène de chasser en silence. Elle hurle fort pour semer la panique chez ses proies et en profite pour attaquer. Si c'était un animal, ce ne pouvait être qu'une de ces panthères et un de ces fauves mangeurs d'hommes. Maintenant il venait vers nous, et curieusement les petits cris qu'il émettait n'avaient rien d'agressif. Nous attendions impuissants et résignés. Fallait-il appeler nos maîtres au secours ? Personne n'osa prendre une telle décision, car la haine que nous éprouvions pour ces créatures abjectes était plus forte que notre peur d'être attaqués par un fauve.

L'animal fit irruption dans notre cercle en poussant de petits jappements de satisfaction et de joie. C'était un chien, oui, un chien. Notre chien, Atcha, le chien noir et blanc de mon grand frère Kongbo. Tout le monde lui fit fête. Sa queue battait frénétiquement ses flancs. Quand il arriva sur moi, il sauta littéralement sur ma poitrine, me passa à plusieurs reprises sa langue chaude et humide sur les mains et la figure. Atcha était là. « Kongbo ne doit pas être loin », dit Koyapalo. Kongbo n'était pas loin en effet, car quelque temps après il se glissait parmi nous en rampant sur le ventre. Il fit le tour des esclaves, serrant chacun contre sa poitrine malgré le carcan. Nous pûmes voir à la clarté de la lune que ses larmes coulaient. Kongbo avait considérablement maigri, et ses mains qu'il posait sur nous étaient toutes deux recouvertes d'un pansement grossier fait d'écorces d'arbre. Quand il eut terminé, il alla vers la cordée du chef Koyapalo, à côté de qui il s'assit. Après un temps de silence, il se mit à parler : « J'ai enterré tout le monde. Je les ai tous enterrés. Chacun des nôtres a eu une sépulture décente. Même ma Pounédé qui s'est éteinte entre mes bras. Je suis venu vous rejoindre. Demain, je leur présenterai mes mains et mon cou, pour qu'ils les emprisonnent dans leur carcan. Que pouvais-je faire d'autre ? Rester et errer en fantôme solitaire dans la vaste nature, pendant que les miens souffrent et meurent ? Je ne puis l'accepter. Nous suivrons tous le même chemin de la souffrance et de la mort. »

Ses dernières paroles se perdirent dans les sanglots étouffés qui lui secouaient la poitrine et lui coupaient le souffle. Tous les esclaves respectèrent la douleur du jeune homme. Personne n'osa le contrarier ; on le laissa pleurer. Enfin, Koyapalo s'adressa à lui d'une voix ferme et assurée :

« Toi notre enfant, nous te comprenons, nous mesurons ta douleur. Ta persévérance et ce courage qui t'ont conduit jusqu'à nous, doivent-ils s'éteindre de manière aussi indigne ? Un Djama qui a les mains libres se doit de lutter jusqu'à la dernière goutte de son sang. Chacun des nôtres tombé sur ce chemin de souffrance, et que tu as eu l'honneur d'inhumer, nous a laissé un ultime message d'espoir en la liberté ! Ce sont les Esprits, ce sont les Mânes de nos ancêtres, qui t'ont soustrait à ce calvaire, te préservant jalousement pour t'envoyer au bon moment libérer tes frères. Tu es évidemment très jeune encore pour comprendre ce message. Patience et courage. Ouvre tes yeux. Injecte-les de sang rouge et brûlant, et regarde la réalité en homme, en fils de guerrier, en guerrier accompli. Veux-tu rejoindre ces femmes, ces enfants, tous tes parents de tous âges qui croupissent et pourrissent dans ces impitoyables carcans ? Tu dois être le salut et la liberté vers lesquels se sont toujours portés avec force les espoirs de tous. Même avec tes mains nues, tu dois déclencher le combat libérateur et en prendre la tête. Tiens, libère mes mains, enlève de mes épaules ces morceaux de bois qui m'ont longtemps emprisonné. Et coupe les liens qui retiennent tous tes parents prisonniers. »

Comme s'il était mû par un souffle nouveau, Kongbo dégaina son poignard, coupa toutes les lanières de cuir et nous débarrassa de nos carcans. L'air frais de la nuit s'engouffra pour la première fois dans le creux de nos cous. Les notables durent intervenir énergiquement pour faire taire les femmes et les enfants qui déjà voulaient manifester leur joie de la liberté partiellement retrouvée. Chacun de nous s'étira les membres et fit jouer ses articulations. On nous intima l'ordre de ne pas bouger, de peur de réveiller les tortionnaires, ce qui compromettrait sérieusement nos chances et nos projets de fuite.

Les hommes conduits par Koyapalo tinrent rapidement un conciliabule au terme duquel il fut décidé que malgré notre état de faiblesse, de sous-alimentation et de dénuement, nous nous devions de nous venger, de venger nos parents lâchement assassinés, notre village et notre bonheur détruits. Nous nous devions de combattre, de tuer ou de mourir. À ce prix seul, la liberté à laquelle nous goûtions depuis quelques instants serait parfaite. Tous les hommes étaient absolument d'accord sur ce point. Ils étaient prêts à prouver à ces fantômes notre appartenance à la race des guerriers intrépides.

Koyapalo s'adressa encore à Kongbo pour lui demander de quelles armes il disposait. « Le poignard, une sagaie, un arc et des flèches », répondit le jeune homme.

Après un instant de réflexion, notre chef reprit en disant : « Nous allons d'abord éloigner d'ici les femmes, les enfants et les personnes âgées. Ce règlement de comptes doit se passer uniquement entre hommes. Si nous devons mourir, il faut que notre progéniture vive pour nous remplacer. Nous n'avons pas d'armes, mais notre courage et ces morceaux de bois, qui ont été nos prisons trois jours durant, deviendront de redoutables sagaies entre nos mains. Kongbo, remets-moi tes armes. Et puisque tu connais bien le terrain, emmène les enfants, les femmes et les vieux en lieu sûr. Tu resteras avec eux, car je vois que tu es très fatigué. » Kongbo protesta, alléguant qu'il était un guerrier, que sa place se trouvait au milieu des autres guerriers, et non à côté des femmes, des enfants et des personnes fatiguées. C'est pourquoi il reviendrait, dès qu'il aurait mis tous ces gens hors du champ de combat. Je voulais faire la même objection, mais on ne m'en laissa guère le temps.

Tel un troupeau de sangliers, le dos rond et luisant sous la clarté de la lune, Kongbo en tête, nous nous engageâmes dans un étroit sentier qui, après une petite montée, obliquait légèrement vers la gauche et longeait la galerie forestière en amont. Nous débouchâmes sur une sorte de hauteur entourée de grands arbres. Kongbo nous y installa, en nous donnant l'ordre de nous tenir tranquilles ; après quoi il repartit vers le coude du ruisseau. Atcha, le petit chien noir et blanc, resta avec moi et se coucha entre mes jambes.

Je ne pouvais supporter d'être écarté du théâtre des opérations comme ces vieilles femmes fatiguées. Après tout, je n'étais plus un enfant, j'étais circoncis, de ce fait ma place se trouvait parmi les hommes. C'était pour moi une injure cruelle de rester là à me cacher avec ces femmes et ces enfants. Il me fallait coûte que coûte rejoindre les hommes, les guerriers. Cette nuit n'était pas une nuit comme les autres, et je me devais de ne rien perdre de tous les événements en préparation. Ceci dit, je caressai lentement la tête et le dos d'Atcha qui poussa un profond grognement comme pour approuver ma décision. J'attendis un moment que ces honorables personnes fatiguées s'endorment pour exécuter mon projet. Je me glissai alors tout doucement hors du camp des dormeurs, puis à pas précipités je refis le chemin en sens inverse.

Arrivé à quelques pas des guerriers, je me mis à ramper. À un moment donné, je me dis que les gens de chez nous réprimaient en général très sévèrement les contradictions et les désobéissances des enfants. S'ils m'apercevaient dans les parages, ils me le feraient savoir de manière plutôt désagréable. C'est pourquoi je choisis sagement de trouver une position élevée d'où je pourrais assister aux événements sans être vu. Je gagnai à reculons une énorme termitière que j'avais aperçue sur ma droite en descendant. Je me hissai et me tapis au sommet. D'où j'étais, je dominais parfaitement le camp des esclavagistes. J'ouvris tout grands les yeux pour ne rien perdre du drame qui allait se jouer d'un moment à l'autre. Atcha m'avait retrouvé et s'était étendu à mes côtés. Son souffle chaud et régulier contre ma joue finit par m'assoupir. Je ne sais combien de temps je dormis. Je me réveillai en sursaut, craignant d'avoir raté le spectacle. J'écarquillai les yeux et constatai que le calme le plus complet régnait dans le camp et qu'apparemment il n'y avait pas eu de bataille.

Je cherchai les nôtres du regard et ne les vis nulle part. Ils avaient tous disparu. La lune et les étoiles pâlissaient, annonçant l'arrivée imminente de l'aube. Une poule d'eau lança son chant quelque part dans la galerie forestière. Deux ou trois chevaux s'ébrouèrent et reniflèrent bruyamment.

Mon regard se porta bientôt sur deux formes humaines qui progressaient en rampant en direction d'une des tentes. Les esclaves tendaient leur piège aux esclavagistes. L'aube éclaira le camp où tout devint distinct. Un premier esclavagiste sortit de sa tente en se frottant les yeux. Il jeta un coup d'œil vers l'endroit où étaient parqués les esclaves et poussa un grand cri. Il n'eut pas le temps d'en pousser un second. Deux individus surgis de derrière la tente le projetèrent violemment sur le sol et se mirent à lui percer le corps de la pointe de leurs bâtons. Le fantôme se débattait désespérément. Un des deux assaillants lui asséna des coups répétés sur la figure et la gorge. Les esclavagistes avaient entendu le cri de leur camarade et sortaient précipitamment de leur abri, brandissant fouets et sabres. La mêlée fut indescriptible. Les corps nus et luisants de nos guerriers plongeaient dans les gandouras. Les bâtons et les cimeterres tournoyaient au-dessus des têtes. Plusieurs hommes enturbannés gisaient à terre tandis que leur sang continuait à couler sur le sol. Le combat était atroce. Deux de nos guerriers se traînaient péniblement sur les mains et les genoux pour sortir du champ de bataille. Ils devaient être assez sérieusement blessés et j'avais envie de courir à leur secours.

À ce moment précis, je vis le chef des esclavagistes, cette espèce de grande sauterelle haute sur pattes, surgir d'une des tentes et partir en courant vers les chevaux. Nu-tête, il faisait tournoyer dangereusement son sabre afin de décourager les assaillants et se frayer un passage. Il me semblait qu'il était le seul de tous les fantômes à tenir encore sur ses jambes. Pour lui, le salut se trouvait dans la fuite. Il arriva aux chevaux, détacha une des bêtes, l'enfourcha et partit ventre à terre. Koyapalo l'aperçut, arracha des mains de Kongbo notre unique sagaie et courut au ruisseau. Il barrait la route du cavalier au moment où celui-ci atteignait l'eau. Lancée comme la foudre, la sagaie s'enfonça dans le cou du cheval qui s'abattit. Le sabre de l'esclavagiste lui avait échappé des mains, tandis que son pied droit restait prisonnier sous sa monture. Mais il réussit à se dégager. Entre-temps

Koyapalo marchait sur son adversaire. Un rictus étrange découvrait les dents de notre chef. Son énorme torse prenait des proportions considérables dans la clarté du matin. Les autres guerriers qui étaient venus à bout de leurs ennemis accouraient vers le combat final. N'y tenant plus, je jaillis de ma cachette et courus vers la berge. Je traversai rapidement la place, sans la moindre attention pour les corps mutilés et couverts de sang qui jonchaient le sol. Je ne voulais absolument rien perdre de ce duel de géants qui n'allait pas tarder à se produire. Je me glissai au premier rang des spectateurs.

Les yeux de Koyapalo lançaient des éclairs. Le chef des fantômes plongea la main dans sa gandoura et en sortit un poignard à la lame fine, recourbée et pointue. Il pataugeait dans l'eau, cherchant un endroit plus ferme où se tenir. Il sentait qu'il n'avait plus d'autres ressources que de lutter avec l'énergie du désespoir. Tous ces esclaves libérés qui l'entouraient et le regardaient avec des yeux injectés de sang l'avaient acculé dans son dernier retranchement et s'apprêtaient à le tuer. Koyapalo nous ordonna de nous arrêter et de le laisser seul. Les mains vides et la poitrine fière, il descendit dans le ruisseau et marcha résolument sur la grande sauterelle.

Le nez crochu de l'homme cuivré semblait frémir, tandis que ses cheveux mouillés lui collaient au front. Il n'était pas beau à voir sans son turban.

La distance qui séparait les deux géants diminuait rapidement. Cinq pas, quatre, trois, deux et l'affrontement eut lieu. L'esclavagiste plongea son poignard dans la poitrine de notre chef, qui ne tenta pas même de l'éviter. Le sang se mit à couler. Il porta un second coup, presque au même endroit, et laissa le couteau enfoncé jusqu'à la garde dans le corps de notre chef. Un cri d'horreur jaillit des rangs de nos guerriers, dont certains voulurent se porter au secours du grand Djama. Kogbondjo les arrêta d'un geste de la main. Koyapalo saisit l'homme cuivré des deux mains à la gorge, et commença de le faire ployer sous lui. Les mains de l'esclavagiste battaient l'air. Sa bouche s'ouvrit toute grande, découvrant ses dents rouges et sales. Les deux hommes étaient tombés dans l'eau. Notre chef ne se souciait ni du poignard planté dans sa poitrine, ni des ongles de l'esclavagiste qui lui labouraient le dos. Il continuait de serrer. À un moment donné, les mains du fantôme tombèrent inertes, sa langue sortit de sa bouche, ses yeux s'exorbitèrent. Koyapalo serrait toujours. Il ôta enfin ses mains, se leva et tourna son ennemi en lui mettant la face dans l'eau. Ceci fait, il plaça son genou au milieu du dos, prit la tête de l'homme à pleines mains et l'amena brutalement vers lui. Nous entendîmes craquer la colonne vertébrale. Koyapalo écumait de rage ; une bave mêlée de sang lui sortait de la bouche. Il entreprit d'arracher les habits de l'homme cuivré. Quand il l'eut complètement dépouillé, il extirpa le poignard de sa poitrine, saisit les attributs masculins du vaincu de sa main gauche, les trancha d'un coup sec et les lui fourra dans la bouche. Après quoi, il jeta le couteau, essaya de s'adresser à nous, mais aucun son ne sortit de sa bouche remplie de sang. Il nous regarda en remuant les lèvres, tendit la main droite, et lentement s'écroula dans l'eau. Koyapalo était mort. Il ne voulait pas vivre dans l'état où ces hommes sans cœur l'avaient laissé. Voilà pourquoi il avait décidé de mourir.

On transporta son corps au milieu du camp. Je courus chercher les femmes et les enfants. Nous avions perdu trois des nôtres dans la bataille : Kangou, Mbatchédé et notre chef Koyapalo. Des funérailles simples et émouvantes leur furent réservées.

Kogbondjo, qui désormais prenait la place

du chef, eu égard à son âge et à sa grande expérience de la vie, prit la parole. Il retraça toute la genèse de notre tribu jusqu'à ce jour, et en tira des leçons pour l'avenir. Il conclut en disant qu'il n'était plus question de chercher à retourner dans notre village au confluent des rivières Kossio et Yingou. Nous rassemblâmes tous les effets des esclavagistes, armes et chevaux compris, et nous descendîmes le cours d'eau à la recherche d'un endroit pour bâtir un nouveau village. Ce nouveau village fut construit sur la haute berge de la rivière Kaada. La vie, une vie simple, joyeuse et laborieuse, reprit ses droits. Mais il nous était difficile d'oublier ceux qui étaient morts dans notre lutte contre l'esclavage : Djawéra et sa femme, Séko et le bébé, Poudjama, la jeune Pounédé, Kangou, Mbatchédé et le grand Koyapalo. Depuis lors, tous les ans, un groupe de jeunes gens s'est chargé de refaire ce chemin de la souffrance, pour déposer sur leur tombe une offrande. »

*

Le vieux Ngalandji, dit Ngala, le bambou de Chine toujours vert, venait de terminer le récit de cette caravane dont il était le dernier survivant. Les coqs de notre village Létrogo chantaient ; le vent frais de cette aube d'avril enveloppa notre groupe d'enfants engourdis par le sommeil. Les moins résistants d'entre nous, qui n'avaient pu suivre le narrateur jusqu'à son terme, dormaient à poings fermés à même le sol poussiéreux. D'autres bâillaient et s'étiraient pour se débarrasser des fatigues de cette nuit blanche. L'octogénaire jeta un coup d'œil amusé et paternel sur cette génération avide de connaître son histoire, se leva en se tenant les hanches, prit son éternel bâton de voyageur et partit de sa démarche claudicante, en étreignant sa besace sous son bras gauche.

TABLE

Impression réalisée sur CAMERON par

BUSSIÈRE CAMEDAN IMPRIMERIES

GROUPE CPI

à Saint-Amand-Montrond (Cher)
en avril 2002

Dépôt légal : avril 2002.
Numéro d'impression : 021980/1.

Imprimé en France